AF473223

INSTRUCTIONS

TIRÉES DE L'EXEMPLE

DES ANIMAUX.

La Jeunesse qui veut apprendre a se conduire
trouve en chaque animal un moyen de s'instruire.

INSTRUCTIONS TIRÉES DE L'EXEMPLE DES ANIMAUX, SUR LES DEVOIRS DE LA JEUNESSE,

A L'USAGE DES ÉCOLES PRIMAIRES.

Ouvrage autant utile qu'amusant,

Suivi d'Observations sur les avantages de la République française, une et indivisible.

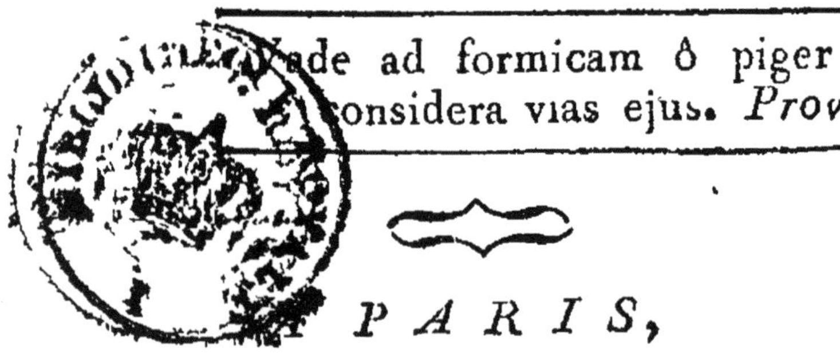

Vade ad formicam ô piger, et considera vias ejus. *Prov.*

PARIS,

Chez MARADAN, Libraire, rue du Cimetière-Andre-des-Arcs, n° 9.

AN III.

AVANT-PROPOS.

SALOMON renvoie les hommes à l'école des animaux, pour leur apprendre à pratiquer leurs devoirs; & il n'y a pas de doute que cette méthode ne soit excellente. Le créateur a voulu, dit l'immortel Fénélon, que les êtres raisonnables trouvassent jusques chez les bêtes, qui n'ont qu'un instinct, un moyen de confondre leur paresse, & leur lâcheté; il ajoute, que les enfans se faisant un plaisir de jouer tantôt avec les quadrupèdes, & tantôt avec les oiseaux, ont plus occasion que personne d'observer leur sensibilité, leur intelligence ; leur adresse.

Ils ſont tous les jours à portée de voir juſqu'où va leur attachement, juſqu'où s'étend leur reconnoiſſance & leur fidélité.

On dit que le célèbre Herſant, professeur de l'univerſité de Paris, fit un jour apporter au milieu de ſes écoliers une Ruche de verre, & qu'à l'aſpect des abeilles qui travailloient ſans relâche à la confection de la cire & du miel, il apoſtropha ſes disciples, en leur enjoignant d'être au moins auſſi laborieux que ce petit peuple, dont l'induſtrie & l'activité méritent notre admiration, & les plus grands éloges.

Combien leurs ouvrages ne ſont-ils pas utiles, & combien ne ſont-ils pas multipliés, ſi l'on conſidère cette prodigieuſe quantité de cire qu'ōn brûle dans toutes les parties du monde.

D'ailleurs, quel avantage ne tire-t on pas de la ſociété des animaux qu'on apprivoiſe; ils deviennent nos amis, ils nous amuſent, ils nous intéressent, ſur-tout quand nous vieillissons, ou que la maladie nous prive de la compagnie de nos ſemblables. Une araignée même, fit long-tems les délices d'un malheureux priſonnier, elle étoit attentive à ſa voix, elle ſembloit le caresser; ce qui faiſoit dire au célèbre Réaumur, que la ſtructure et la prévoyance d'un inſecte, avoit quelque choſe de plus merveilleux que le firmament même.

Je ne m'étonne plus ſi des philoſophes du premier ordre, passent leur vie à étudier le mécanisme des inſectes, s'ils s'appliquent à découvrir tout ce qu'ils opèrent pour ſe nourrir & pour ſe préſerver des pièges & des accidens.

Quoique les animaux domeſtiques, & les oiſeaux privés, ſoient plus intéressants par leur manière de procéder dans leurs jeux, ceux qui habitent les forêts nous offrent des exemples capables de faire rougir l'homme vicieux; la chasteté de l'éléphant, la douceur de la colombe, l'activité de la fourmi sont presque des vertus aux yeux d'un ſage observateur qui ſait tout apprécier.

La jeunesse naturellement portée à s'excuser, n'a rien à répondre, quand on lui objecte des êtres qui, quoique privés de la parole & de la raiſon, remplissent leur tâche avec fidélité, & contribuent par leur ſoumiſſion aux volontés de l'homme qui les assujettit à maintenir l'ordre de l'univers.

Combien le fils qui n'obéit point à ſa mère, n'eſt-il pas confondu à la vue du tendre agneau qui ſuit fidèlement tous les pas de la brebis, & qui étudie jusques dans ses regards où il doit aller; à la vue du pouſſin qui, quoique pouvant marcher ſeul, & ſe nourrir ſans aucun ſecours, ne veut tenir ſa ſubſiſtance que de la poule qui lui a donné le jour.

Les exemples qu'on puiſe dans l'hiſtoire, soit qu'on les tire des mœurs des héros, ſoit des actions des hommes recommandables par leurs talens, ont trop de diſproportion avec les enfans, pour leur faire impreſſion ; mais la vue des animaux avec leſquels ils ſe familiariſent, n'a rien qui ne leur ſoit analogue.

Le jeune chat joue comme l'enfant qui aime à jouer; l'oiſeau prend l'essort comme l'enfant cherche à se récréer, & il voit dans l'un & l'autre une docilité ſurprenante aux ordres de ceux qui ſont leurs maîtres.

De là vient qu'Eſope, Phèdre, Lafontaine, crurent devoir faire dialoguer les bêtes, & qu'ils en tirèrent un ſens moral, capable d'agir ſur l'eſprit & le cœur de la jeuneſſe. On n'a pas honte de n'être pas un héros, mais on rougit d'être inférieur à la bête, du côté des ſentimens.

Les animaux, diſoit le philoſophe Plotin, sont la copie de l'homme comme nous sommes celle de l'être Créateur, et à la honte de l'humanité, cette copie vaut souvent mieux que l'original; cela eſt ſi vrai, qu'on préfère le chien fidèle à l'homme insensible, le lion reconnoissant à l'homme ingrat, l'abeille à l'homme loisif.

Un tel est mort, disoit un jour M. de Sévigné, sans avoit fait aucun bien. Ah! que n'étoit-il plutôt un vers à soie, il auroit du moins servi le public.

La question sur l'ame des bêtes, quoique fort souvent agitée, & toujours inutilement, prouve au moins qu'elles ont un instinct presque égal à la raison humaine. On feroit un ample recueil des services qu'elles rendirent dans tous les tems, soit par leur prévoyance, soit par leur gratitude envers leurs bienfaiteurs. Ce qu'il y a de sûr, c'est que sans vouloir approfondir leur état qui nous ſera toujours caché, malgré les réflexions de Descartes qui les réduit à la qualité de ſimples machines, malgré celles de Bougeant qui les aſſimile presqu'à nous, elles sont de la plus grande utilité tant pour nous ſervir, que pour nous inſtruire ſur nos devoirs. La vigilance du coq m'enchante, disoit Lebnitz, de même que la sagacité de l'abeille me ravit, elle qui, malgré la ténuité de ſes organes et la foiblesse de ſon petit corps, trouve par un travail opiniâtre le moyen d'éclairer les nuits et de nous prodiguer un aliment qui sans la découverte du sucre, nous paroîtrait mille fois plus précieux.

Quelle seroit, ajoutoit-il, la

ſurpriſe d'un aveugle né qui recouvrant la vue tout-à-coup, se trouveroit au milieu d'une ſalle tapissée du plus beau lampasse, éclairée des plus belles bougies, & à qui l'on montreroit une abeille & un ver à soie comme les auteurs de la brillante lumière, & de la magnifique étoffe dont ses yeux feroient frappés, il ne pourroit se perſuader une chose aussi éloignée de sa conception. Il y a sans doute une diſtance infinie de la bête à l'homme dans l'ordre intellectuel; car outre que ſon ame est dans ſon sang, ſelon Salomon, elle n'a rien à prétendre que la mort, mais elle n'en est pas moins digne de nos regards, & de notre imitation par la manière dont elle ſuit fidèlement les loix de la nature, & dont elle se régle ſelon la volonté de l'homme auquel elle est assujettie.

D'après ce léger apperçu, j'ose offrir cet Ouvrage comme une production qui manquoit à la jeunesse & dont elle peut tirer d'autant plus d'avantage, qu'il amuse en inſtruisant, & que les faits qu'il renferme ſont exactement vrais. Il est sans doute humiliant pour les hommes de voir que leur propre hiſtoire, toujours ſouillée par des vices & par des atrocités sans nombre, est moins consolante à lire que celle des animaux.

On a cru devoit joindre à la

fin de cet Ouvrage, quelques observations ſur les avantages de la République Française, qui feront connoître combien la doctrine de l'Égalité & de la Liberté eſt favorable aux ſciences. Il y a long-tems qu'on dit que les muſes n'étoient fécondes, qu'autant qu'elles étoient libres, & que les lettres mettoient tous les hommes au même niveau, faisant disparoître & les richesses & les conditions. Je ſuis au-dessus des Monarques, disoit Pope, parce que je suis philoſophe.

INSTRUCTIONS

INSTRUCTIONS

TIRÉES de l'exemple des animaux, sur les devoirs de la Jeunesse,

à l'usage des Écoles primaires.

CHAPITRE PREMIER.

De la Tendresse filiale.

COMME ce sentiment est la première impression dont l'homme soit susceptible, et qu'un fils passe, avec ráison, pour un enfant dénaturé, lorsqu'il manque de reconnoissance et d'amour envers ceux qui lui donnèrent la viè, on ne peut mieux commencer cet ouvrage, qu'en exposant les exemples des animaux sur cet article.

Il y avoit à Messine, ville de Sicile, depuis long-tems fameuse dans l'histoire, et sur-tout depuis le dernier tremblement de terre, une corneille qui, blessé par les chasseurs, ne pouvoit ni voler, ni marcher. Ses petits, au nombre de six, se succédèrent sans interruption, pour lui porter des alimens, et on les voyoit chaque jour faire usage de leurs pattes et de leur bec, pour la tourner sur le lit qu'ils lui avoient dressé. Ils ne cessoient de la becqueter, et par le battement de leurs ailes, de lui exprimer leur affection.

L'on observa que deux couchoient exactement auprès de cette mère impotente, et qu'ils lui prodiguoient tout ce que la nature pouvoit leur inspirer. Elle mourut au bout de quelques semaines, et ce fut un croassement qui ne finissoit pas; il y eut jusqu'à des obsèques où la tendresse filiale éclata. Le magistrat Cupoli rapporte avoir vu les cornillons traîner, avec respect, le corps de l'oiseau, qu'ils couvrirent eux-mêmes de feuillages, et il ajoute qu'ils allèrent ensuite se tapir sous un arbre, comme s'ils n'eussent plus eu la force de percher, et que trois d'entr'eux, atteints d'un violent hoquet, expirèrent suffoqués par la douleur. Il ne leur manquoit plus que de prendre le deuil, mais étant toujours en noir ils n'en eurent pas besoin. Combien ce fait, attesté par celui qui le cite, comme étant arrivé dans son jardin, et comme l'ayant scrupuleusement examiné de ses propres yeux, n'est-il pas capable de confondre les enfans qui refusent inhumainement à leurs parens les secours dont ils ont besoin, et qui sont assez barbares pour oublier ce qu'il en a coûté à une mère, continuellement occupée de leur existence et de leur bonheur.

L'EXEMPLE des oies, qui toutes stupides qu'elles parroissent, ne cèdent en rien aux autres oiseaux, dès qu'il s'agit de sentiment. Il y avoit un oison, au rapport du médecin Fritler, qui voyant éventrer celle dont il tenoit le jour, la suivit jusqu'au moment où on l'approcha du feu pour la rotir, et se précipita dans les flammes, de manière à y perdre la vie. L'homme n'a jamais rien fait d'aussi frappant; il n'y a pas de doute que s'il étoit excité par tous les sentimens de reconnoissance dus aux soins que prend une mère pour allaiter, et pour soigner enfin, tant la nuit que le jour, ceux qu'elle porte dans son sein, il ne témoignât son attachement aux risques de sa vie.

Moraski, gentilhomme polonois, dit avoir vu expirer une jeune couleuvre, au moment qu'elle apperçut sa mère sous le sabre d'un soldat. Ses yeux devinrent rouges comme du sang, et après avoir sifflé avec fureur, s'être roulée sur les restes de celle qui lui avoit donné la vie, les avoir léché, son cou se gonfla, et elle périt de douleur.

Non, je ne trouve rien d'aussi humiliant qu'un pareil exemple, pour un enfant qui seroit insensible aux malheurs d'une tendre mère. Il est ici question d'un reptile qu'on regarde comme venimeux, dont le seul aspect fait horreur, et la providence permet qu'il apprenne à l'homme même ce qu'il doit à ses pères. C'est ici qu'on peut répéter, avec bien plus de raison que cet homme qui exaltoit la belle action d'un mendiant : *où le sentiment va-t-il se nicher?*

Il est vrai que ces traits ne se trouvent chez l'animal que lorsqu'il est encore petit, et que sa sensibilité, à l'égard de ceux qui l'ont produit, se perd au bout de quelques tems; mais on n'en doit accuser que la nature, qui, relativement à leur conservation, ainsi qu'à leurs besoins, ne leur a départi que des réminiscences passagères.

Jusques chez les insectes mêmes on remarque des mouvemens et des situations qui expriment leur tendrese et leur reconnoissance. Le sentiment de l'araignée, à l'égard de celui qui la nourrissoit, et dont j'ai déjà parlé, prouve ce fait d'une manière frappante.

ÉLIEN prétend que les jeunes Fourmis, dès le moment qu'elles naissent, ont une préférence sensible pour leurs mères, et qu'elles les distingent pendant quelques jours de manière à les suivre avec affection. Il dit la même chose des Abeilles, quoiqu'il soit difficile de s'assurer d'un pareil fait : ce qu'il y a de certain, c'est que le Créateur de tous les êtres a donné à chacun deux, conformément à leur genre, et à leur espèce, des sentimens propres à nous persuader qu'il existe dans tous les individus une tendresse innée pour ceux qui leur donnèrent le jour, et qu'on cesse d'être homme, dès qu'on a le malheur de les oublier.

Les Mouches mêmes, si légères et si volages, ont des retours d'amitié. Un électeur de Saxe prétendoit en avoir accoutumé une à venir de préférence sur sa main et sur son front, d'une manière si marquée, que lorsqu'il la renvoyoit, elle se couchoit sur le dos, et paroissoit expirer. La contemplation de la nature offre mille phenomènes qui échappent aux yeux de la multitude, et qui ne sont connus que des observateurs ; voilà pourquoi les naturalistes qui ont scruté, et entr'autres Pline, passoient souvent pour des charlatans et pour des menteurs, mais l'expérience leur ramène tous les jours des personnes qui, revenues de leurs préventions, finissent par leur rendre justice, et par se rétracter.

CHAPITRE II.

De l'Obéissance.

L'INDOCILITÉ étant un des vices des plus ordinaires aux enfans, il est à propos de mettre fréquemment sous leurs yeux des exemples capables de les faire rentrer en eux-mêmes, et de les corriger. Rien ne nuit plus à l'éducation, dit Fénélon, que l'enfant qui regimbe contre les leçons qu'on veut lui donner. Il en a sur-tout besoin dans cet âge tendre, où la volonté se plie comme un roseau, de sorte que si l'on n'en sait pas profiter, tous les discours deviennent inutiles, et les punitions mêmes sont hors de saison. Un enfant indocile, en devenant le fléau de ses parens et de ses maîtres, fait son propre tourment. Outre qu'il est sans cesse contredit, et molesté, il s'accoutume à prendre un ton d'humeur qui le rend insupportable. Il ne trouve, en conséquence, que des chagrins où les autres trouvent les plaisirs, et loin d'apprendre, il croupit dans l'ignorance, et finit presque toujours par être un mauvais sujet, de sorte qu'on ne sauroit dompter de trop bonne heure les enfans indociles; et pour cet effet, il s'agit, non de les frapper, mais de les investir d'exemples, et de raisons, qui les forcent à reconnoître la docilité pour le premier ressort de l'éducation. Sans la docilité, l'ame de l'enfant devient un terrein difficile et pierreux, où aucune semence ne peut fructifier, tandis que le jeune homme obéissant est susceptible de toutes les bonnes impressions. Son cœur s'ouvre à la science, à la vertu, comme le calice d'une fleur aux rayons du soleil.

Rencontre-t-on dans la société un homme honnête, instruit, qui plaît aux ignorans, comme aux savans? on peut assurer, sans s'y méprendre, qu'il fut dès sa plus tendre jeunesse, souple et obéissant. Le jeune homme qui n'écoute que lui-même, n'est pour l'ordinaire ni aimant, ni aimé. Il faut en conséquence employer de bonne heure les ressources de l'éducation, et sans contredit la meilleure consiste dans les exemples. Eh! quels exemples ceux qui sont pris dans la nature même, ceux que l'enfant trouve à chaqu'instant sous ses yeux.

Il sera sans doute frappé de voir la célérité avec laquelle les petits des oiseaux s'éveillent au moindre cri de ceux qui les élèvent.

Le Serein comme le moineau arrive au moindre signal du maître; il vole quand il le veut; il chante lorsqu'il lui dit de chanter; il rentre dans sa cage comme il en sort dès que l'ordre lui est manifesté.

On peut dire que tous les animaux, même les plus féroces, ont des oreilles pour entendre le commandement qu'on leur fait. Dès qu'ils s'apprivoisent, ils savent obéir, et leur exemples

prouve

prouve évidemment que l'éducation amollit la rudesse, et corrige l'indocilité.

La souplesse du chien, à l'égard de ses maîtres, est une chose admirable ; il court dès qu'on l'appelle, il s'arrête sitôt qu'on lui fait signe ; il rampe et se rapetisse pour peu qu'on le gronde ; il plie, même sous les coups, respectant la main qui le frappe, prenant l'attitude et le ton d'un suppliant.

Il y en a qui, malheureuse victime de la fureur d'un maître, se sont laissés tuer plutôt que de regimber ; mais pour bien connoître jusqu'où va la docilité du chien, il faut observer celui qui veille à la garde des brebis. Un seul regard du berger l'instruit de ce qu'il doit faire, et il n'est pas à craindre qu'il y manque. Il tourne, et retourne sans cesse, tantôt l'œil sur le maître, tantôt sur le troupeau, jusqu'à ce qu'il ait connu ce qu'on veut lui ordonner. Il jappe, il poursuit la brebis ; il la ramène avec une vitesse extraordinaire, d'après les signes qu'on lui fait.

Il y a tant d'exemples de la docilité du chien, que je crois ne devoir pas insister sur cet objet. Le Barbet est une leçon vivante, pour un domestique qui veut savoir comment on obéit. Il se plie à tout ce que son maître veut, de sorte que s'il avoit des mains, il tiendroit lieu d'un valet.

On vit, il y a quelques années, à Varsovie, un chien si docile et si bien appris, qu'à la voix de son maître, il s'approcha d'une corbeille où il y avoit vingt clefs différentes, et porta, sans se tromper, à chacun des spectateurs celle qui lui appartenoit. Ce ne pouvoit être qu'après un signe du maître qu'il agissoit avec tant de précision. Il n'y a pas jusqu'au Hérisson qu'on rend susceptible d'obéissance, et qu'on instruit comme on veut. J'en ai vu un qu'on avoit privé de manière à le rendre aussi docile qu'un animal domestique. Le Tigre est peut-être le seul qu'on ne sauroit apprivoiser, quoiqu'il y en eût un à Copenhague en 1712, qui amusa toute la cour par ses tours de souplesse.

QUANT à la Panthère, au Lion, au Léopard même, on vient à bout de les rendre amis de l'homme, et d'en faire des êtres obéissans. Ce qu'il y a de singulier, c'est qu'on trouve dans le caractère des animaux celui des hommes, et qu'ils sont plus ou moins obéissans, selon la manière dont on les dresse.

On diroit, malgré la diversité de leur savoir faire, ou de leurs organes plus ou moins déliées, qu'ils ont tous une aptitude à faire ce que nous leur commandons; et tel est l'ordre que le Créateur a mis dans l'univers, formant de toutes les créatures, tant animées qu'inanimées, des échelons jusqu'à lui.

On a conservé l'histoire d'un chat, qui dans un couvent de moines s'étoit tellement plié à la règle, qu'il suivoit exactement les exercices du cloître. Il se rendoit comme eux à l'église, au réfectoire, à la salle de conversation : un religieux l'avoit ainsi dressé. Ce fait paroît démentir le naturaliste Buffon, qui prétend que les chats n'ont pas de mémoire, et encore moins d'odorat.

Il existe chez les Cosaques, peuple habitant de l'Ukraine, qui fait une partie de la Pologne, une race de chevaux errans, abandonnés pour ainsi dire à eux-mêmes, et qui obéissent de concert au commandement de quelqu'un d'entr'eux. Il fait le tour de sa troupe dans les attaques qu'ils livrent aux voleurs et aux loups, et si quelque cheval sort du rang, reste en arrière, il court à lui, le frappe d'un coup d'épaule, et lui fait reprendre sa place. La docilité qui règne parmi les chevaux qui lui sont subordonnés, est le meilleur exemple qu'on puisse citer à des soldats, ou à des écoliers indisciplinés. Buffon rapporte ce fait comme une chose absolument hors de doute.

Le Singe, tout indocile qu'il paroît, se courbe sous le joug qu'on veut lui imposer. On le voit alors dans une attitude humiliante, sur-tout quand il a commis quelque faute digne de punition. Il y avoit un régisseur à Surinam, qui avoit obligé le singe le plus vif et le plus malin à obéir à son chien, au point qu'il en étoit devenu l'esclave. Quelques coups de fouets, appliqués çà et là, avoient opéré cette merveille; le chien étoit-il malade, le singe ne le quittoit point, s'agitant et tournant au tour de lui comme auroit pu faire la garde la plus fidele.

L'AUTEUR de l'Histoire des Voyages dit avoir vu dans le palais de l'empereur de la Chine, l'oiseau nommé Laki, c'est-à-dire au bec de cire, qui apprend tout ce qu'on lui enseigne avec tant de docilité, qu'il fait des choses incroyables, maniant une lance ; jouant aux dames avec sagacité, formant lui seul un concert, et sachant intéresser une société.

SI je passe maintenant aux poissons, je trouve le Lamentin, élevé par un Cacique, de manière qu'il venoit à sa voix, et qu'il portoit sur le dos tout ce qu'on vouloit, pourvu que le poids fut proportionné à ses forces. Un espagnol s'étant avisé de l'appeler un jour, et l'ayant blessé d'un coup de fusil, le malheureux Lamentin devint tellement circonspect qu'il n'approchoit plus de la rive sans avoir bien examiné si celui qui l'appeloit étoit indien, et il ne s'y méprenoit pas, ce qu'il connoissoit à la barbe.

Il n'y a pas jusqu'aux Bœufs, ces animaux qui paroissent les plus brutes et les plus massifs, qui ont des noms particuliers sur les confins de la République de Venise, qu'on appelle de loin, et qui viennent chacun à leur tour, suivant qu'on les appelle, pour traverser le *Taillamento*, fameux torrent qui déborde d'un moment à l'autre avec la plus grande impétuosité. Le bœuf, comme ayant le pied beaucoup plus ferme, et plus sûr que le cheval, sait résister à la rapidité des eaux, et préserver du naufrage le voyageur.

Que de réflexions d'après ces faits

sur l'indocilité de jeunes gens qui, malgré les ressources de la raison, osent affecter un esprit de révolte, et se faire honneur de passer pour mutins.

On n'en voit que trop de cette espèce dans les maisons d'éducation, et dès-lors on peut tirer l'horoscope de leur destinée, en assurant qu'ils n'auront en partage ni cette aménité, ni ces manières insinuantes qui forment l'homme de société.

CHAPITRE III.

De l'Amour du Travail.

Il ne s'agit que de fixer les Abeilles et les Fourmis, pour se convaincre de la nécessité de travailler, tant pour se rendre utile à sa patrie, que pour faire son propre bonheur. Quelqu'opulent que puisse être un individu, il est malheureux s'il ne sait pas s'occuper. Ses jours coulent dans l'amertume, dans un dégoût de lui-même, enfin dans une satiété qui l'accable, ce qui fait dire aux poëtes les plus fameux, que l'ennui siége sous les lambris dorés; mais comme ces raisons sont trop fortes pour la jeunesse qui ne porte pas si loin ses vues, il s'agit de mettre sous ses yeux des exemples qui la réveillent et qui la persuadent.

Nous aimons naturellement la paresse, et nous sommes nonchalans presque sans le vouloir. C'est un esprit qui ne se fixe sur nul objet, une ame indécise qui se partage entre la dissipation, et l'abandon de soi-même, de sorte qu'il n'y a que l'amour du travail qui vivifie, et qui nous rend à la chose pour laquelle le souverain être nous a destiné. Or, l'homme est né pour travailler comme l'oiseau pour voler, selon l'expression d'un ancien. C'est la première tâche qui lui fut imposée, lorsque chassé d'un lieu de délices, il se vit relegué sur une terre couverte de ronces et d'épines, et qu'il entendit ces paroles adressées à tous les hommes indistinctement : *tu mangeras ton pain à la sueur de ton front.* Eh! combien cet oracle n'a-t il pas de force, et de pouvoir, quand il est appuyé de l'exemple même des insectes, et de tout ce qui respire dans l'univers; car chaque être excepté l'homme paresseux, travaille à sa manière. Le labeur de la Fourmi est malheureusement inutile, mais celui des Abeilles produit une abondance des richesses.

Renfermées dans différentes ruches qui semblent autant de monastères, ou plutôt de manufactures, chacune s'applique sans relâche à remplir son devoir. C'est la république la plus admirable à raison de l'ordre qui y regne, et du profit qu'on en retire; il n'y a point de ruche qui

ne

ne rapporte annuellement vingt-quatre livres à son maître.

Fixons un moment cet objet, il a trop d'analogie avec la France pour être mis en oubli, elle qui, se transformant aujourd'hui dans une république une et indivisible, nous promet les jours les plus prospères.

Les Abeilles forment donc une république, qni a pu engager les hommes à mettre en société leurs biens, leur force, leurs talens, pour se faire une félicité relative à leurs besoins, pour vivre enfin dans une honnête liberté, et dans une égalité, de sorte qu'on porte tous également les charges de l'État, et que cela s'observe sans nuire à la liberté, car l'homme naît essentiellement libre, et la société composée de plusieurs individus, ne doit interdire que ce qui seroit contraire à la loi.

Je reviens aux Abeilles, et je les présente à mes lecteurs comme se fabriquant à chacune une cellule où l'on trouve ainsi que dans les communautés, des dortoirs, et des lieux communs, et c'est-là qu'elles élaborent cette cire, et ce miel qui contribuent admirablement aux richesses de l'État. Le travail est le grand mobile des ruches, ce qui les soutient, ce qui en fait l'ame, et la vie. Par le travail tout est dans l'ordre, et tout est en paix. Ainsi dans les collèges, lorsque les écoliers travaillent avec ferveur., la discipline se maintient parfaitement, et il n'y a ni chatîmens ni dissensions.

Il n'est pas possible de suivre des yeux ces différens essains d'ouvrières qui se répandent dans la campagne, et qui, chargées du suc des fleurs, reviennent à point nommé composer leur cire, et leur miel. Si les Frelons osent se présenter pour manger le fruit de leur travail, elles en font justice, couvrant les entours de la ruche de leurs cadavres, et nous apprenant par ce trait à repousser avec la plus grande vigueur les ennemis de la patrie, comme des loups ravissans qu'on doit exterminer.

Dès l'aube du jour, le travail d'une ruche commence, et il continue jusqu'à la nuit. Après avoir successivement passé dans les calices de différentes fleurs pour en pomper le suc, les Abeilles reviennent avec célérité se livrer au travail. Celle qui ne s'occuperoit pas seroit vexée par les autres, et obligée de déguerpir.

Les Abeilles en cela plus sages que nous, ne connoissent pas la perte du tems; et elles pourroient dire à l'enfant paresseux, qu'il est un monstre dans la nature, que la terre porte à regret, et dont l'existence ne sert qu'à surcharger la patrie. Quelle différence entre les hommes et les Abeilles, celles-ci subsistent depuis la création de l'univers dans le même ordre et dans la même harmonie, toujours uniformes dans leur conduite, toujours laborieuses; et ceux-là emportés par leurs passions changent continuellement, voulant toujours être mieux, et n'étant jamais bien à raison de l'effervescence de leurs desirs, et de leur malheureuse ambition.

Chacun connoit le travail de l'hyrondelle, et combien elle s'applique à fabriquer un nid. La structure en est d'autant plus admirable, qu'il semble être l'ouvrage d'un maçon. Quel travail de la part des Castors quand ils se batissent des retraites au milieu des eaux. C'est l'ouvrage du meilleur architecte, et l'on ne peut en avoir une juste idée que lorsqu'on l'a vu. Dès le mois de juin et de juillet, ils viennent de tous côtés, se réunissent au nombre de deux ou trois cents, mais toujours sur le bord de l'eau. Quand ils ne trouvent point d'étangs, ils en forment dans les eaux courantes des fleuves, ou des ruisseaux, par le moyen d'une digue ou d'une chaussée, qu'ils ont le courage et l'instinct d'entreprendre. A voir la manière dont ils conduisent cet ouvrage, et dont ils l'exécutent, on leur croiroit une ame réfléchissante. Ils rongent, ils scient, après avoir dépouillé un arbre de ses branches, ils le traînent jusqu'au bord de la rivière, enfin avec les dents, comme avec les pattes on dresse les pieux, on les enfonce et avec une queue platte, ovale et couverte d'écailles, on fait du mortier, et l'on vient à bout de construire un pilotis de cent pieds de longueur, sur une épaisseur de douze à la base qui décroit jusqu'à deux ou trois pieds par un talus dont la pente et la hauteur répondent à la profondeur des eaux.

CHAQUE Castor se fait ensuite une cabanne dans l'eau sur le pilotis, et il y a jusqu'à deux et trois étages ; on y voit des portes, des fenêtres, de sorte qu'on peut la comparer à la chambre la mieux conditionnée. C'est à tout prendre un animal tout-à-fait extraordinaire qui long de trois ou quatre pieds, et du poids d'environ soixante livres, est extrêmement fort par ses muscles, et trouve dans ses doigts séparés aux pieds de devant une espèce de main dont il se sert avec le même avantage que nous ; mais ayant au-dessus de nous celui de nager naturellement.

IL est tout-à-fait républicain pour sa manière de vivre, aimant singulièrement la liberté. D'après cette légère esquisse de son savoir-faire, on doit admirer les ressorts de la divine providence qui, jusqu'au sein des eaux, tient des républiques composées d'êtres amphibies, qui par leur sagesse, et par leur travail, humilient notre raison, et confondent notre paresse. On croit voir des chartreuses, lorsqu'on examine ces longs pilotis couverts de cellules où chaque Castor vit solitairement.

. .

ON rapporte, et le fait paroît certain, que chaque famille de Castors, d'après le témoignage des voyageurs, et sur-tout des habitans de Sibérie, s'assemble au printemps pour faire la chasse à leurs semblables, mais qu'ils ne les tuent jamais, ne les regardant pas comme ennemis, et ne leur faisant d'autre mal que celui de les amener dans leurs habitations, où ils les emploient, comme leurs esclaves, à différens ouvrages.

Et c'est ainsi que les animaux de toute espèce nous encouragent par leur exemple au travail. Si je m'attache maintenant à considérer ceux qu'on dresse, soit pour la chasse ou pour la course, soit pour servir, ou pour amuser leurs maîtres, je les vois, tant par des efforts de mémoire, que par une application assidue, se perfectionner dans le genre qu'on desire. Il n'y a point d'instituteur d'animaux qui ne soit étonné de leurs progrès, et de tout ce qu'ils apprennent. On voit jusqu'aux oiseaux qui parlent, s'exercer à prononcer des mots, et répéter en secret leur leçon, ce que l'écolier n'omet que trop souvent par paresse, ou par amour du plaisir.

Le Geai, qu'on peut dire être un oiseau facétieux, ne réussit dans l'art qu'il a de contrefaire tous les animaux qu'il entend, qu'en étudiant leur son de voix et leurs inflexions.

Un curé de campagne apprit le *credo* tout entier à un Sansonet, pour humilier son sacristain, qui n'en pouvoit retenir que quelques mots. Ce stratagême réussit ; le paysan, piqué de se voir surpassé par un animal, devint habile dans l'art de retenir ce qu'on lui disoit.

Mais il en est des oiseaux comme des personnes, dont les unes se forment plus vîte, les autres plus lentement, dont les unes chérissent la paresse, les autres le travail.

On voit jusqu'à de simples moineaux faire des efforts de mémoire pour articuler d'une manière claire, et distincte, les paroles qu'on leur apprend. On rapporte à ce sujet qu'un évêque entrant dans la cellule d'un chartreux, un moineau vint se placer sur l'épaule du prélat, en lui disant : *bonjour monseigneur*, mais que le prieur de la maison, pour prouver combien son religieux étoit détaché de tout objet frivole, étouffa l'oiseau en présence de l'évêque, ce qui l'indigna tellement qu'il fit destituer ce prieur, aussi fanatique que cruel, et il le méritoit. Si quelque récréation peut être permise, celle d'avoir un oiseau passera toujours pour le plaisir le plus innocent.

* Le Sansonet, si habile à contrefaire la voix de l'homme, n'en vient à bout

qu'en répétant le soir ce qu'on lui apprend le jour, en cela mille fois plus digne d'éloge que l'écolier qui redoute l'étude, et qui en fait son tourment, au lieu d'y trouver son plaisir.

On est étonné quand on voit les efforts d'une simple fourmi pour traîner un fardeau qui paroît l'accabler. Il n'y a point de peine qu'elle ne se donne, quand il s'agit de se faire un asyle dans l'endroit où le destructeur d'une fourmillière a passé. C'est une effervescence qui n'a pas d'exemple ; toutes se mettent alors à l'ouvrage avec une ardeur incroyable.

Il n'y a personne qui n'ait admiré la ferveur et l'exactitude de ces chiens que l'usage condamne à tourner la broche.

che. Ils arrivent d'eux-mêmes à l'heure précise, au point qu'ils mordroient quiconque voudroit les arrêter. J'ai connu un barbet qui ne manquoit jamais de frapper à la porte de son maître à sept heures du matin, et à onze heures du soir. Il lui tenoit lieu de valet, et il s'en acquittoit au mieux, étudiant jusque dans ses regards ce qu'il vouloit lui commander.

Il y a des chèvres accoutumées dans le Brabant, à traîner des enfans dans de petits chariots, et jamais elles ne manquent de se trouver à l'heure où l'on en a besoin; tandis que rien n'est plus ordinaire que de voir des jeunes gens qui viennent à regret, et presque toujours tard, là où le devoir les appelle. Aussi Pluche disoit-il que si les animaux pouvoient former une société, ils se gouverneroient beaucoup mieux que nous. J'aimerois assez à voir, disoit la dame Deshoulières, des animaux exercer la justice, remplir quelque ministère, pourvoir réciproquement à leurs besoins ; je présume qu'à l'aide de leur simple instinct, ils s'en acquitteroient parfaitement.

CHAPITRE IV.

De la Reconnoissance.

Quel beau sentiment que celui de la gratitude, s'écrioit un romain! Mais où le trouver? si ce n'est chez les bêtes mêmes les plus féroces qui, dans cette partie, nous surpassent.

Oui, à la honte de l'humanité, le

lion lui-même, dont la griffe et la dent sont si redoutables, le lion montre une sensibilité merveilleuse envers ceux qui lui ont fait du bien. Quel beau trait que l'action de celui qui, dans un cirque romain, vint lécher un esclave qu'on croyoit exposer à sa fureur. Il se souvint, ce reconnoissant animal, que le malheureux qu'on se proposoit de faire dévorer, avoit autrefois arraché une épine de son pied, et dans le tems que ses yeux étincelloient, que sa terrible voix rugissoit, il se transforma dans l'animal le plus doux et le plus carressant; il agite sa queue en signe d'alégresse; il léche son bienfaiteur; et lorsque l'esclave raconte en face de la multitude le trait qui lui vaut ces marques de tendresse et de sensibilité, chacun demande grace, et le lion devient un objet universel d'admiration, en devenant son libérateur. Ce fait, tiré de l'Histoire Romaine, est rapporté dans l'excellent ouvrage que l'université de Paris mettoit dans les mains des jeunes gens, et qui a pour titre : *Histoires choisies extraites des auteurs profanes* (*Selectae historiae e profanis autoribus*), est un terrible exemple contre les ingrats. Trouver la reconnoissance dans le cœur d'un lion généralement redouté pour sa férocité, c'est de quoi couvrir l'homme insensible aux bienfaits, d'un opprobre éternel.

Il existe actuellement, même à la ménagerie de Versailles, un chien dont un lion ne peut se détacher, et cela parce qu'il sait l'amuser. Il le provoque par un badinage qui lui plaît, et ils jouent l'un et l'autre avec une espèce d'égalité ; c'est-à-dire, que le lion retient sa force et ses griffes, se mettant au niveau du chien.

Les éléphans sont uniques en fait de reconnoissance. Un soldat de Pondichéry, qui avoit coutume de porter une mesure d'arac à un jeune éléphant lorsqu'il touchoit son prêt, se voyant un jour poursuivi par la garde, se réfugia sous lui, et s'y endormit. Il ne fut pas possible à la garde de l'arracher de cet asyle ; l'éléphant le défendit avec sa trompe, et pour le rassurer quand il s'éveilla, il lui prodigua des caresses de manière à lui causer la plus grande surprise.

Ælien rapporte que dans une ville de l'Achace, nommee Patras, un enfant y avoit acheté un jeune serpent connu sous le nom de *dragon*, et qu'il l'avoit élevé avec beaucoup de soin, et que ce dragon ayant atteint une grosseur prodigieuse, parût redoutable aux habitans du pays qui le renvoyèrent dans les forêts ; que quelque tems après, son maître revenant d'une partie de plaisir avec des camarades de son âge, fut attaqué par des voleurs, et que l'animal témoin de cette aventure, fondit sur les brigands, et sauve la vie à son bienfaiteur.

Quant à la reconnoissance dont les chiens sont susceptibles, elle est si notoire, qu'il n'y a nul doute sur ce sujet. Il y a nombre d'exemples de chiens expirant sur la tombe de leurs maîtres, ne voulant ni boire, ni manger, car cet animal domestique l'emporte sur la plûpart des hommes, étant susceptible d'une reconnoissance aussi sincère que durable. S'il flatte un enfant dans l'espoir d'obtenir une partie de son déjeûner; s'il se tient sous la table avec une sorte d'avidité à dessein d'arracher de la main des maîtres un morceau qui lui plaît, il faut avouer qu'il conserve long-tems la mémoire d'un pareil bienfait. Il paroît même que ses souvenirs tiennent plus au sentiment qu'à la mémoire; cela se manifeste par la joie avec laquelle il aborde un bienfaiteur; tout parle en lui, sa langue, ses yeux, ses mouvemens, et il n'y a personne qui exprime plus vivement sa gratitude et son amitié.

Cette reconnoissance n'est pas seulement à l'égard des hommes, elle éclate même entre eux; c'est-à-dire, qu'un chien se fait en quelque sorte un devoir de marquer sa gratitude et sa sensibilité envers un autre chien. Ils se rendent des services réciproquement, ils s'assistent, et vont au-devant de leurs besoins. On a vu, dans la ville de Tours, un chien cacher toute la semaine des os pour une chienne qui venoit régulièrement en ville avec un paysan tous les lundis. Il alloit au-devant d'elle, il la caressoit, et la conduisoit dans l'endroit même où il avoit fait l'amas de ce qui devoit la nourrir. Certainement les hommes ne feroient pas mieux.

Un chien abandonné dans les rues de Bordeaux, car il en existe qui, semblables à nos mendians, n'ont ni asyle, ni maître, trouva à vivre dans la générosité de ses camarades qui se succédoient pour le nourrir, et qui sortoient des maisons pour lui apporter des vivres. Heureux instinct qui vaut presque la raison, et qui est au-dessus du sentiment d'une multitude de personnes dont la vie se passe sans jamais faire un acte de bienfaisance.

De pareils animaux en face d'un avare, seroient bien capables de le corriger, si l'avare avoit un cœur : mais comme disoit la Bruyère, il n'en a que la forme, et son ame est au-dessous de l'instinct du resptile.

Les oiseaux se présentent ici comme des êtres qui, malgré leur légèreté, offrent à l'œil observateur mille traits d'une reconnoissance bien prononcée. Une femme de la ville de Tarente ayant perdu son époux, en eut une si vive douleur, qu'elle se retira pour pleurer près de son tombeau, et que de-là ayant apperçu une cicogne qui, se laissant tomber, se cassa la cuisse, elle en prit soin, et vint à bout de la guérir. »

La cicogne, au bout d'un an, revenant dans l'endroit même, aborda sa bienfaitrice, lui témoigna par le battement de ses aîles et par ses cris, une joie extraordinaire de manière à lui causer beaucoup de surprise. Elien ajoute qu'elle lui apporta une pierre précieuse, mais il ne faut pas croire tout ce que dit Elien. Pour peu qu'on le lise, on s'apperçoit qu'il voyagea plus d'une fois dans le pays des chimères.

Le roi Pyrrhus avoit un aigle qui lui étoit fort attaché, parce qu'il l'avoit élevé, et la reconnoissance de cet oiseau, le chef des volatiles, fut si vive, qu'à la mort de ce prince, il ne voulut prendre aucune nourriture, et qu'il se laissa mourir de faim.

Il y avoit un Chardonneret à Bâle, connu de toute la ville par ses tours d'adresse, et par sa sensibilité, qui s'attacha tellement à celui qui l'avoit élevé, qu'il ne voulut jamais quitter son lit, lorsqu'il vint à tomber malade, et que jusqu'à trois fois il s'élança dans le cercueil, exprimant sa douleur par les accens les plus plaintifs, jusqu'au moment qu'il expira. On fit une épitaphe au maître ainsi qu'à l'oiseau, et il faut avouer qu'un animal aussi reconnoissant méritoit d'y trouver place.

Si je passe maintenant aux reptiles,

je citerai un fait arrivé dans le Samogitre, pays de la Pologne, où les couleuvres sont très-communes, et ne sont nullement malfaisantes. Elles viennent même jusques dans les maisons, et on les y souffre volontiers. Un polonois, témoin oculaire, m'a raconté qu'une Couleuvre accoutumée à venir visiter un rez-de-chaussée, s'y présenta un jour avec deux de ses petits, et que l'un ayant mordu un enfant de la maison jusqu'au sang, elle sortit d'un air courroucé remmenant sa progéniture, et que depuis cet accident on ne la revit jamais.

Les insectes eux-mêmes ne sont point ingrats, la Providence ayant voulu condamner l'homme méconnoissant par les traits les plus capables de le le faire rentrer en lui-même, et les plus propres à l'humilier.

Les papiers publics annoncèrent il y a quelques années, que dans la ville de Nantes où l'on enterra une femme très-connue par son attachement pour les Abeilles qu'elle soignoit avec la plus grande attention, des essains sortirent de leurs ruches, et se rassemblèrent autour de son cercueil, et qu'elles ne l'abandonnèrent qu'au moment de l'inhumation. Depuis cet instant, toutes les ruches appartenant à cette femme furent entièrement dégarnies, et quelqu'effort qu'on fit pour rappeler ces Abeilles fugitives, jamais elles ne voulurent y rentrer.

CHAPITRE V.

De l'Amitié.

Ce doux sentiment qui feroit la félicité des humains s'ils en connoissoient tout le prix, se trouve jusques dans le cœur des animaux. Il semble que ce soit la sève de tout ce qui respire, et que les êtres animés n'existeroient qu'à demi, si l'attachement qui les lie venoit à s'anéantir.

La bête la plus cruelle éprouve par intervalle les douceurs de l'amitié, et ne fut-ce que ses petits qu'elle chérit avec ardeur, elle feroit connoître à ceux qui en pourroient douter qu'elle est vraiment susceptible d'attachement.

L'HOMME, dès sa plus tendre enfance, sait devenir ami. Il n'y a pas même une liaison plus forte que celle qu'on contracte dans les écoles. Malgré la dissipation du premier âge, on éprouve un vuide en soi-même lorsqu'on n'a point d'attachement. Tout, jusques dans les plantes, nous persuade qu'il est doux de se lier avec ceux qu'une sympathie d'humeur rapproche de notre manière de penser.

LES enfans cherchent, dès leurs tendres années, des amis qui répondent à leur manière d'agir et de penser. C'est le lierre qui cherche un arbre analogue à sa nature pour s'y attacher; une jeune vigne qui s'entortille autour de l'ormeau qui lui est analogue.

Rien, disoit Marc-Aurèle, ne me plaît autant que la vive affection des jeunes gens qui se lient ensemble. Comme ils n'ont pas alors de grandes passions qui les éloignent d'eux-mêmes, ils savourent davantage l'amitié qui n'est jamais plus sincère, que lorsqu'elle existe dans des cœurs innocens; car la véritable amitié est pure comme le jour.

Mais il existe une grande différence entre l'attachement des animaux, et celui des hommes. Les premiers ne se recherchent, ils ne se chérissent que par une impulsion dont ils ne sont pas maîtres; aulieu que chez les seconds, c'est l'ouvrage du choix; et d'ailleurs l'amitié parmi nous n'est point un sentiment stérile, il nous procure la ressource des entretiens, et celle des conseils qui nous sont souvent de la plus grande utilité. L'on sait combien les liaisons formées au collége procurent d'avantages à ceux qui savent les cultiver.

Il est donc de la plus grande importance pour la jeunesse de connoître de bonne heure les biens qui résultent d'une amitié fondée sur la vertu et sur la raison. Celle des bêtes, il est vrai, n'en est qu'une très-foible idée, mais elle sert du moins à nous convaincre qu'on est bien malheureux quand on ne sait pas aimer. Ce qu'on remarque chez les personnages moroses et bourrus, qui n'étant bons que pour eux-mêmes, ignorent la douceur des liaisons, et meurent sans avoir intéressé leur prochain.

L'amitié des animaux se fait principalement connoître chez les éléphans. Ils se chérissent avec le plus grand intérêt, ayant sur-tout beaucoup d'égards pour la vieillesse. Les jeùnes partagent avec les vieux leur nourriture. Si quelqu'un a le malheur de tomber dans une fosse, ils font tous leurs efforts pour l'en retirer, jusqu'à lui jeter des fascines qui lui servent d'échelons.

On ne croit pas que le Cochon lui-même, si mal-propre et si grossier, s'attache à ses égaux, et combien il s'empresse de les secourir. Il crie, il appelle pour demander du renfort et du secours quand il voit quelqu'un des siens en danger. Alors, ils arrivent en troupes, et ils se mettent en rang pour se défendre, et ils en viennent à bout.

J'AI connu une femme suivie par un petit Cochon, avec le même attachement et la même fidélité que s'il eût été un Chien, et personne n'ignore que la maréchale de Luxembourg, morte à Paris depuis quelques années, avoit un Chat qui l'accompagnoit chaque jour à la promenade, malgré la neige et la pluie, soit aux Tuileries, soit au Luxembourg, où cette citoyenne avoit coutume de se rendre tous les matins, malgré l'intempérie du tems et des saisons. Sacrifice d'autant plus grand pour un chat, qui prouve toute l'étendue de son attachement, d'autant plus qu'il n'aime pas l'eau, et qu'on lui reproche de n'avoir en partage que l'égoïsme et la trahison.

QU'Y a-t-il de plus aimant que le Chien et le Cheval? Le premier s'expose avec une ardeur incroyable quand il s'agit de secourir son maître. Il brave le fer, et jusqu'au feu même pour lui sauver la vie. L'on en vit jadis un à Cologne se précipiter au milieu d'un incendie, à dessein d'arracher aux flammes celui qui l'avoit élevé.

On trouve dans presque toutes les régions des hommes sauvés du naufrage par le secours de leurs Chiens. Ils se jettent avec impétuosité au milieu des eaux, et sans craindre la largeur des rivières ou la rapidité des torrens, ils ne reviennent que pour ramener ceux qu'ils vont chercher au milieu du péril.

Je me souviendrai toujours que j'avois un magnifique Barbet qui, dans la petite ville d'Auray en Bretagne, plongea dans la mer pour retirer du sein des flots un enfant qui se noyoit, et qui, par attachement pour le père dont il recevoit des caresses, vint à bout de le sauver.

Quels services les Chiens ne rendent-ils pas aux aveugles? Outre qu'ils leur servent de conducteurs, ils ne les abandonnent pas un instant. Je remarque avec plaisir, dit Montaigne, comme ils s'arrêtent à chaque porte où ils ont coutume de recevoir des aumônes, comme ils évitent les embarras et les embuscades, et tout cela pour épargner une chûte à leur maître, et pour lui prouver leur attachement.

On citoit autrefois les bœufs de Suze, lorsqu'on vouloit parler d'animaux capables d'attachement. Ces-

bœufs étoient employés à tirer de l'eau pour arroser les jardins du roi avec de grandes roues et des baquets tournans, et ils savoient à merveille combien ils devoient tourner de fois; mais ce qu'on admiroit davantage, c'étoit l'amitié qu'ils avoient pour ceux qui les instruisoient. Ils étoient attentifs plus qu'aucune personne du monde à les écouter, et l'on appercevoit une espèce de contentement et de joie lorsqu'ils les voyoient arriver, aulieu qu'ils avoient l'air le plus indifférent envers ceux qui venoient les supplier.

J'ai été témoin, dit le citoyen Guer dans son Histoire critique de l'ame des bêtes, du trait que je me suis proposé de rapporter. Nous allions, dit-il, à Lyon, le chevalier Despueches, un de ses amis, et moi.

Nous étions à Châlons, et pendant que le souper se préparoit, nous prenions l'air à quelque distance de la ville, lorsque nous vîmes entrer un petit enfant qui, à grands coups de bâton, forçoit une vache à continuer son chemin. Celle-ci faisoit vingt pas, et revenoit ensuite pour entrer dans une petite ruelle. Elle a appartenu, nous dit-il, à un paysan dont la maison est près d'ici, et qui l'a vendue il y a huit jours. La pauvre bête, depuis ce tems, ne mange presque pas, et chaque fois qu'elle passe près d'ici, elle s'échappe, et veut absolument retourner à son ancien gîte.

L'AFFECTION de cet animal pour son premier maître nous parut remarquable, et nous engagea à aller voir ces pauvres gens. Nous entrâmes dans une chaumière, et trouvâmes le père de famille couché sur un mauvais lit, où la paille leur servoit de matelat. Nous demandâmes à la ménagère pourquoi elle avoit vendu sa vache. Au seul nom de l'animal, la bonne femme se mit à pleurer, et nous dit, en sanglotant, que n'ayant pas de quoi soulager son mari malade depuis du tems, elle avoit été forcée de vendre sa mère nourricière, chose d'autant plus affligeante, que la vache en question leur étoit extrêmement attachée, et qu'elle se désespéroit depuis qu'elle n'étoit plus avec eux.

MA bonne, dit le chevalier, ne pleurez plus. Le ciel nous envoye ici pour vous consoler. Voici de quoi racheter votre vache, et allez la chercher sur le champ. Un tremblement

de

de joie saisit cette femme: Elle n'avoit la force ni de remercier, ni de parler, mais elle eut celle de courir sur-le-champ et de revenir presqu'aussi-tôt avec le sujet de ses larmes et l'objet de ses desirs.

La vache rentra sous nos yeux mugissant d'alégresse, et marquant par ses sauts combien elle étoit contente de retrouver ses anciens maitres.

Je parlerai maintenant du cheval qui, vraiment ami de l'homme, mérite ici la plus honorable mention. Il est si admirable quand il s'attache, que l'empereur Caligula, enchanté de celui dont il avoit éprouvé l'attachement, le fit recevoir consul.

Il faut avouer qu'il y a des chevaux

qui, sans mériter une aussi extravagante distinction, sont dignes de toute la reconnoissance de leurs maitres; les uns, par leur course rapide, les sauvant des plus grands dangers, les autres exprimant par leur allegresse, la joie qu'ils ressentent, quand ils les rencontrent.

Ils s'attachent tellement à ceux qui les soignent, qu'ils les baisent affectueusement, et qu'ils s'attristent et maigrissent lorsqu'ils demeurent long-tems sans les voir.

Un prince Napolitain prêt à renvoyer son palfrenier pour avoir, disoit-il, négligé son cheval de prédilection et en avoir fait un squelette, fut très-étonné quand il lui apprit que l'animal n'avoit maigri que parce qu'il ne voyoit plus son maitre depuis six mois. Le fait lui fut attesté par toutes les personnes attachées à son service. Aussi la bête, au retour du prince, reprit-elle son embonpoint.

CELA ressemble au trait d'un autre Cheval, qui broyoit avec ses dents le foin destiné à la nourriture d'un vieil étalon dont la mâchoire étoit usée.

ON lit dans l'Histoire des Voyages que les chevaux, dans le pays des Mores, couchent pêle mêle avec eux, qu'ils s'étendent par terre pour servir de matelat à leurs enfans, et qu'ils les prennent dans une telle affection qu'ils ne cessent de les baiser et de les lécher. On a vu des Cavales stériles adopter des Poulains, et leur prodiguer des caresses, comme si elles étoient leurs véritables mères. Homme tel que tu sois, quel sujet de confusion quand tu viens à considérer le naturel des animaux !

Les Perroquets offrent mille exemples de l'affection la plus tendre et la plus vive pour ceux qui les elèvent. Le père Labat, dominicain, raconte qu'étant à l'Amérique, dont il nous a donné une longue description, il y avoit un Perroquet si attaché à un religieux, que voyant un barbier qui le rasoit, il se jeta sur le raseur avec la plus grande impétuosité, le mordit jusqu'au sang, et poussa de tels cris, qu'on fut obligé de l'enfermer dans un cabinet, où il ne cessa de faire un bruit énorme. Il suivoit son maître jusqu'à l'autel, se tenoit pendant toute la messe sur le marche-pied, dont il étoit impossible de l'arracher. Les Perruches ont des affections comme des antipathies qui paroissent surprenantes. Il y en a qui ne peuvent souffrir les hommes, et qui se passionnent tellement pour les femmes, qu'elles n'en recherchent que la société, au point de ne boire ni manger quand elles n'en voient pas.

LORSQU'ELLES vivent deux ensemble, elles se lient fort étroitement qu'elles paroissent n'avoir qu'une seule et même existence. Eh ! qu'y a-t-il de plus admirable en ce genre, que les Tourterelles, qui, le véritable symbole de l'amitié, apprennent à tous les amis à connoître le prix et les douceurs d'une constante et sincère union ? Elles ne connoissent ni les brouilleries, ni les refroidissemens. Toujours au même dégré de chaleur, elles conservent entr'elles une telle affection, que l'une est mourante, quand l'autre expire; et de-là viennent ces vers si charmans qu'on lit dans le Traité des Études, et que l'immortel Rolin, auteur de cet excellent Ouvrage, exalte avec enthousiasme. Il s'agit d'une Tourterelle qui a perdu sa compagne, et qu'un voyageur apostropha en la voyant plongée dans la douleur.

D. *Que fais-tu dans ce bois, plaintive Tourterelle?*

R. *Je gémis, j'ai perdu ma compagne fidèle.*

D. *Ne crains-tu pas que l'oiseleur ne te fasse mourir comme elle?*

R. *Si ce n'est lui, ce sera ma douleur.*

Les plus petits oiseaux sont susceptibles d'amitié, de sorte qu'on feroit un recueil très-intéressant de leur sensibilité. Le Moineau lui-même a pardevers lui les plus beaux traits de sensibilité. Il y en avoit un à Beziers (chose vraiment extraordinaire) qui s'étoit tellement attaché à un chat, qu'ils ne pouvoient exister l'un sans l'autre. Ils dormoient ensemble, et chaque jour on les voyoit jouer sans contrainte. Le chat tombe d'un quatrième étage, et le moineau ne mangea plus. On eût beau exciter son appétit, parce qu'il y avoit de plus friand, il y fut insensible, et sa douleur le suffoqua.

L'Écureuil, tout léger qu'il est, oublie qu'il est ne dans les bois, et devient sociable plus qu'aucun animal.

Il s'attache, avec transport, à ceux qui le soignent, et c'est un plaisir de le voir manifester son affection, par les caresses les plus touchantes. On en cite un qui, dans la Russie, se rendit tellement ami de sa maîtresse, qu'il lui cassoit chaque jour des amandes, et qu'avec ses petites mains il lui en faisoit hommage. Il comptoit l'argent, et quand il en pouvoit dérober, il ne manquoit pas de l'apporter à celle qui le rendoit si attentif. Il la peignoit, il la poudroit, et ce qu'il y a d'extraordinaire, c'est que malgré sa vivacité, lorsqu'elle étoit malade, il ne remuoit plus. On le prenoit alors pour une Marmote endormie.

Il faut donc que l'amitié soit du sentiment bien précieux dans l'ordre de la nature, puisque chez les bêtes mêmes il agit si puissamment. Le Hibou lui-même, qu'on prend pour un animal tout-à-fait hétéroclite n'est point étranger à l'amitié. Il s'attache vivement à ceux qui veulent bien pourvoir à ses besoins, et il lui rend avec usure affection pour affection. Il étoit devenu, par cette raison, l'oiseau chéri d'une femme des plus aimables et des plus spirituelles de la cour de Louis XV. Elle en avoit toujours un qui faisoit partie de sa société, l'admettant à sa toilette, à son jeu, et par-tout où elle alloit. Elle l'appeloit son Perroquet de compagnie, et il faut avouer qu'il savoit l'amuser, se pliant à tout ce qui pouvoit lui plaire, et cependant ce n'étoit qu'un Chat-huant, tandis que la plupart des hommes ne savent ni capter la bienveillance, ni intéresser ceux qui les fréquentent.

Que la jeunesse, à la lecture de ces récits, ouvre son cœur au doux sentiment de l'amitié, et qu'elle se dise à elle-même : serois-je donc moins sensible que les animaux les plus stupides, qui se recherchent, qui se chérissent, et qui se passionnent pour ceux qui leur font du bien ; car c'est ainsi que les lectures doivent être profitables. On doit les faire passer dans le cœur plutôt que dans la mémoire, toutes les fois qu'il s'agit du sentiment.

CHAPITRE VI.

De la Prudence.

Le Législateur suprême daigne citer le Serpent comme devant nous servir de modèle en ce genre, et il est vrai que l'oreille toujours attentive au moindre bruit, il se modifie selon les circonstances pour éviter les pièges, et se préserver des accidens. Aucun animal ne sait mieux que lui sauver sa tête, quand il est menacé de quelque coup qu'on veut lui porter. Il se replie, il se contourne de manière à devenir inaccessible aux traits qu'on veut lui lancer.

Le Renard ne le cède point en finesse; il n'y a pas de moyens qu'il n'emploie pour sauver sa vie, jusqu'à se rompre la patte lorsqu'il est pris dans un piège, pour sauver le reste de son corps.

On vient à bout de le priver, mais sans pouvoir jamais le dépouiller de l'appétit dévorant qui le tourmente, sitôt qu'il apperçoit quelques volatiles, et sur-tour les Poules.

C'est alors qu'il faut observer comment il porte ses yeux de toutes parts, pour s'assurer qu'on ne le voit pas. Il jette un regard sur tous les endroits d'où il peut être apperçu, pour n'être pas pris en faute. Il va jusqu'à effacer avec ses pattes et sa queue les traces de sang qu'il a fait verser, et jusqu'à prendre un air consterné lorsqu'on s'apperçoit du dégat.

On trouve dans la conduite du Renard le courtisan qui baise affectueusement la main du rival dont il projette la ruine ; le traitant qui semble occupé du bien public, et qui ne cherche qu'à cacher ses rapines ; le parasite qui fait tous les rôles possibles pour être de tous les repas ; le moraliste qui prêche toutes les vertus, et qui n'en a aucune : car la prudence des animaux est toujours jointe à la ruse. Aussi ne le propose-t-on que pour nous apprendre à nous tenir sur nos gardes pour n'être pas trompé.

Personne n'a mieux peint la finesse du Renard que Lafontaine. Ce peintre ingénieux, sous l'air le plus simple, a su donner à tous les hommes les leçons les plus propres à les corriger, et cela sous l'emblême des animaux, qu'il fait parler comme ils parleroient eux-mêmes s'ils en avoient l'usage. On ne peut mieux séduire le Corbeau dans la fable du Renard ; aussi perd-il son fromage, enchanté du compliment qu'on lui adresse. J J. Rousseau ne critique cette fable, que parce que, sur les plus excellens ouvrages on peut exercer la satyre ; mais cette production, vraiment ingénieuse, n'en sera pas moins répétée d'âge en âge, comme une fiction tout-à-fait intéressante.

Le Renard, dit Buffon, opère par la ruse ce que le Loup ne fait que par la force. Sans chercher à combattre les chiens et les bergers, sans attaquer les troupeaux, il est plus sûr de vivre ; employant plus d'esprit que de mouvemens, il vient à bout de toutes ses entreprises, et perdant jusqu'à la patience il fait admirablement varier ses procédés. Habile à se ménager des retraites dans ses courses vagabondes, il est difficile qu'on le trouve en défaut sur cet asyle. Il se loge au bord des bois, à la portée des hameaux, il écoute le chant des coqs, le cri des volailles, il les savoure de loin, il prend habilement son tems, cache son dessein et sa marche, il se glisse, il se traîne, il arrive, et fait rarement des tentatives inutiles, il trouve enfin le moyen de ravager sourdement toute une basse-cour, et de mettre tout à mort; se retirant ensuite lestement, emportant sa proie, et la cachant sous la mousse, ou la portant dans son terrier. Il revient à la charge, et fait si bien qu'il ne laisse aucun vestige de son carnage.

Dans les pipées, il dévance le pipeur, et emporte successivement les oiseaux qui sont empêtrés, les cache dans les ornières, où il les laisse quelquefois deux ou trois jours, jusqu'à ce que son appétit lui commande d'aller les chercher. Il saisit les lièvres au gîte, déterre les lapreaux dans les garennes, découvre les nids de Cailles et de Perdrix, prend la mère sur ses œufs, et détruit une quantité prodigieuse de gibier, de sorte que si le Loup nuit aux paysans, le Renard nuit davantage aux gens riches.

Il jappe comme le Chien lorsqu'il chasse, et il sait être bon pêcheur. Il jette à l'eau sa longue queue et les petits poissons s'entourent dans les poils, de sorte qu'il s'en rend maître et qu'il les croque à volonté.

Il y a un tour d'adresse chez le Renard de l'Amérique, qui mérite d'être rapporté. Lorsqu'il se voit poursuivi par quelqu'animal, il mouille la queue de son urine en fuyant, et la leur fait jaillir au museau. Ce fait est cité par tous les voyageurs.

Le Chat doit trouver ici sa place comme un des animaux les plus prudents. Il n'y a pas de précaution comparable à celle qu'il emploie, toutes les fois qu'il rentre ou qu'il sort. Il tatonne ne s'avançant qu'avec lenteur, regardant de tous côtés, craignant la moindre surprise. Il n'est pas moins reservé lorsqu'il mange, et rien n'est plus curieux que les singeries qu'il emploie à dessein d'arrêter une souris. Il se cache dans la farine, il contrefait le mort pour s'assurer de sa proie, et pour peu qu'il avance la patte, il ne manque pas son coup. Il est principalement à remarquer lorsqu'il épie le moment de voler. Il tourne et retourne ses prunelles de cent manières différentes, et il vient à bout de fixer son objet.

Mais le Chat est défiant, et dans les conseils qu'on donne à la jeunesse pour qu'elle s'accoutume à devenir prudente, il faut sur-tout lui recommander de ne pas se livrer à la méfiance. On est alors inquiet, soupçonneux, jugeant mal de tout le monde, et craignant toujours d'être trompé. Caractère dangéreux qui tourmente celui qui l'a malheureusement en partage, et qui devient le fléau de toutes les personnes qui l'approchent.

Il est sans doute difficile aux jeunes gens d'avoir la prudence en partage, puisqu'elle est le fruit de l'expérience qu'on n'acquiert qu'avec l'âge, mais il est à propos de mettre de bonne heure sous leurs yeux, des exemples qui les accoutument à se rendre compte de leurs actions, et à prendre les moyens d'éviter les fautes qui se commettent par étourderie, ou par surprise. La témérité dans les paroles, comme dans les actions a souvent les suites les plus fâcheuses, et quand on est en garde contre les vices, et contre les liaisons dangereuses, on se met à l'abri des dangers.

Les préjugés comme les passions précipitent le grand nombre dans une multitude d'écarts. Les égaremens du cœur et de l'esprit ne viennent en partie que du défaut de réflexion. L'Éléphant, tout énorme qu'il est pour la masse et pour la grosseur, craint à chaque pas de se compromettre ; il redoute les embûches, et pour cet effet s'arrête à l'odeur de la piste lorsque quelqu'animal a passé ; il regarde de tous côtés, et sans fouler aux pieds la trace qui lui paroît suspecte, il enlève la partie du sol où subsiste ce vestige, le remet à son voisin, et de l'un à l'autre le fait aller jusqu'au dernier ; la troupe alors fait une circonvallation, puis se présente en bataille rangée.

Le chien averti d'un danger, n'y retourne pas, et il n'est point à craindre qu'il descende par une fenêtre quand l'étage est trop élevé. On le voit mesurer la distance avec ses yeux, et ne s'élancer que lorsqu'il n'y a nul risque à courir.

Les Rats, selon le récit d'Élien, l'emportent sur tous les animaux dans l'art de prévoir l'avenir, lorsqu'une maison est minée par le tems, et même ruinée, ils sont les premiers à s'en appercevoir. Il déguerpissent, gagnent le large, et vont avec la plus vive ardeur, chercher ailleurs un autre gîte.

On a peine à croire jusqu'où s'étend la prévoyance des animaux, et quelle est leur finesse pour éviter les pièges, ou pour ne faire que ce qui leur paroît agréable. Un chien de l'espèce des barbets, fâché de ce que sa maitresse en aimoit un autre, prit fantaisie de s'attacher à moi. Il me suivit en Bretagne où j'allai faire un voyage, et lorsque quelques mois après, sa maîtresse l'envoya chercher, il fit si bien le boiteux qu'on ne put l'emmener, mais dès que l'homme chargé de cette commission fut partit, il courut comme à l'ordinaire, et fit éclater sa joie.

Les Perdrix emploient cette finesse lorsque les chasseurs s'approchent de leurs nids. Dans la crainte qu'on ne vienne à briser les œufs, elles quittent leur couvée, et feignent de ne pouvóir marcher qu'avec peine, elles ont l'air de se traîner dans la campagne, à dessein d'attirer le chasseur et de sauver leurs petits.

J'étois au collège lorsqu'avide d'avoir un nid de moineaux, éclos depuis peu de tems, je pris la mère sur le nid, mais bientôt voyant ses yeux se fermer, ses pattes se roidir, et tout son corps palpiter, je crus l'avoir étouffée. A peine eus-je ouvert la main que l'oiseau s'élance brusquement, et me persuade que les animaux trouvent souvent dans leur instinct des ressources que notre raison méconnoit; et c'est cette prudence qui leur est propre, et qui sert à leur conservation.

L'on feroit des volumes in-folio de l'astuce réfléchie de ces animaux que nous regardons avec une espèce de mépris, et que sans respect pour l'ouvrage du créateur, nous prenons plaisir à exterminer. Cependant, ils seroient en droit de dire à chacun de nous, eh! pourquoi me frappes-tu?

toi qui trop souvent moins parfait que nous, n'as ni notre prudence, ni notre adresse, ni notre docilité.

Plusieurs philosophes surent rendre justice à ces mêmes animaux, en les choisissant de préférence aux hommes, pour leur société. Crébillon le père fut du nombre. Il passa les dernières années de sa vie entre les chiens, et les chats qu'il visitoit alternativement le matin et le soir. J'apprends à leur école, disoit-il, à devenir prudent, à me défier de mes semblables et à remplir la tâche qui m'est imposée par le souverain être.

Il n'y a point d'animal qui n'ait sa destination, et ce qu'on prend chez lui pour l'effet du hazard, est celui d'une impulsion donnée par le créateur

teur pour exécuter ses volontés. Jusques dans le vol d'une Abeille, jusques dans la marche d'une Fourmi, on reconnoit la volonté toute puissante du maître absolu, dit Fénélon.

L'insecte qui traverse un chemin, et qui ne fixe l'attention du voyageur que pour en être écrasé, a une petite volonté, et ne se remue pas sans dessein. Malgré la ténuité de ses fibres et de ses organes, un instinct le dirige, et cet instinct n'agit que par la toute puissance du grand être qui donne à tout ce qui respire le mouvement et la vie. Sans cela, l'intelligence des animaux seroit inexplicable, car ils ont une espèce de combinaison qui les rend attentifs á ne point s'exposer temérairement; on voit jusqu'aux plus petits, éviter la rencontre de tout ce qui peut leur nuire.

La prudence de l'Araignée est admirable en ce genre, vous ne la verrez jamais sortir de son trou, si la mouche qu'on met dans sa toile est d'une grosseur à pouvoir la vaincre, ou du moins à lui résister. Elle juge au premier coup-d'œil si elle doit paroître, ou ne pas remuer.

Il existe une espèce de Scarabée couvert d'une peau noire et luisante, qu'on prendroit pour du chagrin : dès qu'on le poursuit, il soulève la moitié de son corps, et faisant sortir de sa queue une espèce d'aiguillon en forme de croissant, il se rend redoutable à ceux qui veulent l'opprimer. Chaque animal a une manière de se défendre qui lui est propre, et il l'emploie avec toute l'adresse possible, quand la circonstance paroît l'exiger.

La Chenille à tubercules, selon tous les Naturalistes, une des plus belles espèces de chenilles, construit une coque dont la structure est vraiment admirable. Tous les cas, tous les inconvéniens sont prévus par la manière dont cette coque est fabriquée. La chénille se trouve à l'abri de toute insulte, et une des issues pour sortir de sa prison quand la nécessité l'exige.

Enfin depuis la Baleine jusqu'au Ciron, certainement la distance est grande, et dans cette multitude innombrable d'êtres qui se trouvent entre les deux , autant de nuances qui diversifient les corps des animaux, et leur instinct. Il n'y a pas deux animaux qui se ressemblent, et au milieu du nombreux troupeau, l'agneau qui vient à peine de naître, reconnoit sa mère et ne s'y méprend pas.

La plupart de Canards, pour ne pas laisser refroidir leurs œufs lorsqu'ils sont obligés d'aller manger, s'arrachent des plumes pour les couvrir, et les tenir chaudement. Chaque oiseau fait son nid dans l'endroit qui est analogue à sa manière d'exister. Rien de plus merveilleux que de voir deux oiseaux, le père et la mère, faire sentinelle tour-à-tour pour écarter les bêtes malfaisantes. La poule elle-même, quoique l'animal le plus craintif, se rend redoutable à ceux qui voudroient emporter ou molester ses poussins.

Mais quelle prudence de sa part quand elle apperçoit un oiseau de proie, ou lorsqu'elle l'entend! Avec quel empressement ne va-t-elle pas se mettre à l'abri d'un pareil danger ! Elle crie pour rappeller ses petits ; elle les presse et les conjure de rentrer.

Valmont de Bomare prétend que les Abeilles ont des pressentimens des orages, et que par une prudence qui leur est naturelle, on les voit avant que les nuages s'amoncèlent, rentrer dans les ruches avec la plus grande vitesse.

CHAPITRE VII.

De la Mémoire.

Les souvenirs sont si utiles dans le Jours de la vie, qu'on ne peut sans leur aide devenir savant et même sociable. Ils contribuent à l'agrément des entretiens, desorte qu'un homme privé de la mémoire, devient pour ainsi dire un homme nul.

Il est donc absolument essentiel d'exercer de bonne heure la mémoire des enfans, et d'imprimer dans leur cerveau les faits les plus intéressans. Sans cela, ils paroissent stupides, à moins qu'une imagination brillante ne les fasse valoir, et encore n'est-ce qu'un feu follet qui, sans le secours de la mémoire, ne dure pas long-tems.

Il faut que l'esprit soit alimenté par des souvenirs, disoit Bacon, et il n'y a point de réminiscence chez l'homme qui n'a rien appris. Étranger à la géographie comme à l'histoire, à l'étude de la nature comme à tous les genres d'application, il n'a ni le plaisir de jouir des avantages que produit la science, ni celui d'en faire jouir les autres.

L'ÉLÉPHANT passe pour l'animal qui a le plus de mémoire, étant dans ce genre encore plus étonnant que le Chien. C'est un animal qui a toutes les sortes de mémoires possibles, soit pour reconnoître les lieux et personnes qui lui ont fait du bien, soit pour se venger de celles qui l'ont offensé. Il ne manque jamais de faire éclater sa gratitude ou son ressentiment, comme s'il avoit idée de la justice distributive. Il semble qu'il est né pour apprendre à l'homme à devenir reconnoissant, et certainement on ne peut l'être sans le secours de la mémoire.

Il y a des Naturalistes qui ont prétendu que les Chiens n'avoient de souvenir qu'à raison de leur odorat; mais sans le secours de la mémoire, pourroient-ils se rappeller qu'on les a battus, dans telle circonstance, ce qu'ils ont grand soin de ne pas oublier? On les voit, après des mois entiers et même des années, se souvenir des leçons qu'on leur a données; et pour toute chose au monde, ne pas retomber dans les fautes qui leur ont mérité des coups.

Tout ce qui tient à l'éducation des animaux, et dont certains profitent mieux que ne feroient des personnes, ne peut s'opérer que par le secours de la mémoire. Le Chien qu'on dresse pour la chasse, le Cheval qu'on forme au manége, n'apprendroient absolument rien s'ils n'avoient pas en partage la faculté de se souvenir.

Eh! comment feroient les oiseaux qui laissent leurs œufs ou leurs petits souvent dans des endroits extrêmement embarrassés par des arbres ou par des rochers, s'ils n'avoient pas le secours de la mémoire pour les retrouver? Les écoliers ont beau les effaroucher, les chasseurs les disperser au loin;

ils reviennent si-tôt que le péril est passé, sans se tromper.

Mais ce qu'il y a de plus admirable, ce sont les tons, les airs, les paroles qu'ils retiennent de manière à ne rien laisser échapper de ce qu'on leur apprend.

Plutarque rapporte qu'une Pie appartenant à un barbier de Rome, étonnoit tous les passans par son habileté à contrefaire tout ce qu'elle entendoit. Mais elle parut bien plus surprenante, lorsqu'après un silence de quelques jours pendant lesquels elle s'étudioit à répéter le son de la trompette, elle le rendit si parfaitement, qu'on croyoit entendre l'instrument même.

Puisque la mémoire sert si bien les

animaux quand ils veulent l'exercer, l'enfant doit se dire à lui-même, combien ne serois-je pas digne d'animadversion, si je négligeois de m'en servir et de la cultiver. L'ame est une terre aride qu'il faut ensemencer ; et ce n'est qu'en la meublant de tout ce qui peut étendre ses connoissances et la perfectionner qu'on y reussit.

CHAPITRE VIII.

De l'Éducation.

On peut dire que l'éducation pour l'homme est un cinquième élément, et que sans cet art qui le forme et le perfectionne, on ne trouve chez lui que de l'ignorance et de la rusticité.

Il en est de l'homme sans éducation, selon la pensée de Lebnitz, comme d'un arbre sauvage qui ne produit que des fruits agrestes, lorsqu'il n'a point été enté, comme d'un champ inculte où l'on ne trouve que des épines et des chardons, et dont le seul aspect blesse les yeux.

Il n'y a donc rien de plus important pour l'homme en particulier, et en général pour la société, que l'éducation. Elle est si nécessaire dans le commerce de la vie, qu'on peut la nommer une seconde création. Par elle, on prend un nouvel esprit, de nouvelles mœurs, en un mot, une nouvelle manière d'exister. C'est elle, et non la noblesse, qui donne à certains grands une élévation à laquelle ils n'auroient pu atteindre.

Mais s'il est une éducation pour nous, il en est pareillement une pour les animaux ; les plus féroces s'adoucissent et s'apprivoisent, ce qui doit couvrir de confusion tout écolier qui ne veut profiter ni des avis qu'on lui donne, ni des sentimens qu'on s'efforce de lui inspirer.

On est étonné de ce qu'apprend l'animal le plus sauvage. Il devient souple, il caresse celui qui l'instruit; et loin de regimber contre le maître qui le frappe et qui le punit, il le lèche, et il cherche à le fléchir. Il paroît qu'il sent qu'on ne le frappe que pour son bien, et qu'il a une idee de la justice et de la subordination.

Grand sujet, s'écrie Locke, d'admirer la Providence qui a voulu soumettre à l'homme les animaux créés pour son usage. Autrement les bêtes connoissant leur force, porteroient le désordre et la confusion de toutes parts, et l'homme deviendroit la victime de leur fureur.

C'est de l'éducation que nous tenons nos mœurs, notre soumission aux loix, notre déférence aux usages, aux convenances, tant pour la conduite que pour le langage, et c'est pour l'éducation que le Chat n'est plus à craindre pour sa trahison, le Chien pour sa voracité, le Lion pour sa fureur. Le commerce des hommes les rend en quelque sorte sociables; de sorte que les femmes sur-tout font leur amusement et leur compagnie des animaux, lorsqu'elles se trouvent isolées. On les agace, on leur parle, on les fait parler quand ils en ont la faculté, et l'on voit chaque jour les progrès de l'animal qu'on instruit.

JUSQU'A l'Ours même, l'habitant des forêts, cet animal qui paroît une masse de chair, on en fait un sujet qui intéresse, et qui, jusque dans les places publiques, amuse les passans. Il danse, il se couche, il se lève au gré de son éducateur. Je ne doute pas que si les animaux étoient moins esclaves, ils ne devinssent encore plus intéressans. Rien n'abrutit les bêtes et les hommes comme l'esclavage : alors ni l'instinct ni l'ame même n'ont plus de ressort.

CELA est si vrai, qu'on distingue l'animal qui a été dressé par un maître agréable, de celui qui reçoit des leçons d'un maître intraitable. L'un vous aborde d'un air gracieux et jovial ; l'autre cherche plutôt à vous éviter et conserve l'âpreté de son naturel. Il n'y a point d'animal comme l'éléphant pour se prêter aux volontés de son maître. Il lit dans ses yeux ce qu'il doit faire, et chez le Mogol où ces animaux servent de bourreau pour l'exécution des criminels, ils mettent en pièces sur-le-champ, où ils font languir le patient selon qu'il leur est ordonné. Buffon lui-même atteste le fait, et l'on peut s'en rapporter à son autorité, d'autant mieux qu'il n'est pas crédule.

Pline prétend avoir vu à Pouzzol, près Naples, des éléphans qui, sortant d'un vaisseau et se trouvant effrayés à la vue d'un pont qu'ils devoient passer, marchoient à reculons pour se cacher la longueur du trajet.

MAIS fixons pour un moment le Cheval. Il nous convaincra mieux qu'un autre animal, jusqu'à quel point l'éducation influe sur les bêtes. Il se fait au bruit des armes ; il voit le péril, et l'affronte ; il partage l'honneur d'une conquète avec celui qui le conduit, et il semble à son attitude comme à son hennissement, qu'il est sensible à la gloire. Il en est de même à la chasse, aux tournois, à la course ; mais docile autant que courageux, il ne se laisse point emporter à son premier feu. Il sait réprimer ses mouvemens, et il ne se précipite, ne se modère et ne s'arrête que lorsqu'il en reçoit l'avis. Enfin il ne se refuse à rien ;

il s'excède, et même meurt pour mieux obéir.

On vit, il y a quelques années, un petit Cheval à la foire S. Germain, faire des tours d'adresse que bien des personnes n'auroient ni la patience, ni l'esprit d'apprendre. Plus on le voyoit, plus on vouloit le voir, et ces tours paroissoient si extraordinaires aux yeux des sots, qu'on alla jusqu'à soupçonner le maître et l'animal de sorcellerie.

Les Hottentots savent dresser les bœufs de manière qu'ils s'en servent avec le plus grand succès contre leurs ennemis un jour de bataille. Dès qu'ils ont reçu l'ordre, ils se ruent avec impétuosité sur l'armée, frappent des cornes, renversent, éventrent, foulent aux pieds avec une férocité qui fait trembler, et préparent ainsi à leurs maîtres une victoire assurée.

Nos campagnes offrent journellement le spectacle des chèvres que des vaches prennent en affection, et qu'elles défendent contre la rage des loups. Elles les tiennent au milieu d'elles, et leur font un rempart de leurs cornes et de leur corps, au cas qu'on vienne les attaquer ; et ce qu'il y a de plaisant, c'est que les chèvres sentent la nécessité d'avoir une pareille sauve-garde, se tenant toujours au milieu de ces mêmes vaches dans la crainte d'une surprise.

Si je passe aux oiseaux, j'en trouve une multitude qui se distingue par des tours d'adresse, et par des démarches en quelque sorte combinées. Le Paon lui-même, malgré son indifférence et sa fierté, s'assujettit au joug qu'on veut lui faire porter. Il y en avoit un devenu fameux chez les naturalistes, par les services qu'il savoit rendre à celui qui l'avoit apprivoisé. Il lui apportoit mille choses avec son bec, lorsqu'il en recevoit l'ordre. Il savoit, à l'aide de ses pattes, ouvrir une porte et la fermer; et ce qu'il y avoit de plaisant, c'est qu'il aimoit singulièrement à se mirer. Il lui arriva plus d'une fois, après avoir été témoin de la toilette de son maître, de mettre son aigrette et sa tête dans la boîte à poudre, pensant que cela le rendroit plus beau; mais n'y trouvant pas son compte, il la secouoit et il reparoissoit avec ses brillantes couleurs.

Pline prétend que le Paon, dans la crainte de voir éclore des petits qui pourroient l'emporter sur sa beauté, brise les œufs. Ce qu'il y a de sûr, c'est que la femelle se cache pour couver.

Le Chardonneret apprend à tirer de l'eau, et on le voit avec autant d'intérêt que de surprise, mettre sa patte de manière à renverser le sceau; ce qui lui donne la facilité de boire à son aise, et de mettre á profit sa captivité.

L'on admire avec raison la gracieuse mélodie des Sereins, comme étant le résultat de leur attention à retenir les airs qu'on leur répète; il y en a qui en retiennent jusqu'à douze sans la moindre confusion. Le Merle bien sifflé, rend des sons de manière à se faire écouter avec le plus grand plaisir ; mais il faut entendre le Corbeau lorsqu'on lui a donné quelques leçons. Il y en avoit un fameux dans un château près Rouen. Il appelloit les poules les unes après les autres, en leur éparpillant du grain. Quand elles s'approchoient, il ne manquoit pas de leur donner un coup de bec qui les tuoit sur-le-champ.

J'AI vu deux Vautours en Pologne, au château d'Olesblo, où naquit le fameux Jean Sobieski, devenu roi; selon la tradition ils étoient du tems de ce monarque. On les remarquoit par la grosseur et pour la fierté ; ils avoient parfaitement appris à traîner une calèche ; c'étoit un plaisir de les voir dans une longue allée de maronniers courant avec la plus grande célérité, et s'arrêtant au moindre mot. Ils prenoient en affection les petits oiseaux qui les approchoient, leur faisant souvent part de ce qui servoit à les sustenter. Ils battoient des ailes à la vue des maîtres, et ils savoient si bien se garantir des Chiens d'après les leçons qu'on leur avoit données, qu'ils les épouvantoient en déployant leurs ailes dont l'enverjure étoit énorme. Ils déchiroient impitoyablement la première poule qu'on leur offroit, excepté celles de la basse-cour; ils savoient les connoitre, et jamais ils n'auroient osé leur toucher.

Et tout cela provenoit de l'éducation, tant il est vrai qu'elle influe sur les animaux mêmes qui en paroissent le moins susceptibles. Il n'y a que le Coq qui, voulant être absolument indépendant, n'écoute que son orgueil et son instinct. Il se trace à lui-même le plan qu'il suit, et il ne s'en écarte jamais. C'est une horloge qu'on ne peut déranger, chantant toujours à la même heure, et voulant toujours être maître dans tous les lieux où il paroit. Il n'y a point de sultan plus craint et plus révéré. Cependant il s'en trouva un à Prague, capitale de la Bohême, que son maître avoit stylé de manière que tous les jours à quatre heures du matin, hiver comme été, il montoit à sa chambre, et venoit par son chant l'éveiller.

L'on a souvent parlé d'un Serein qui rassembloit des lettres, et qui en composoit des mots de manière à faire un compliment. La routine lui avoit appris

pris cette sorte de méchanisme dont on étoit enchanté. Le Faucon est un exemple des plus frappans du pouvoir de l'éducation ; on le style comme on veut pour aller à la chasse des oiseaux, et ses tours d'adresse sont si étonnans, qu'il y a une fauconnerie chez les souverains qui en font le sujet de leur amusement.

C'est d'après l'impulsion que le grand être leur a donnée, selon la remarque du savant Huet, évêque d'Avranche, que les animaux agissent et se forment d'une manière aussi admirable, et que jusques dans leurs jeux, on découvre une intelligence qui les dirige et qui en fait les agens de sa volonté. Ce qui se confirme par les paroles mêmes de la sagesse éternelle, qui nous déclare qu'il ne tombe pas un seul passereau sur la terre sans sa permission.

CHAPITRE IX.

De la Clémence.

Elle est si belle cette clémence, si digne de notre admiration, que les Colombes et les Brebis nous sont chères, par la raison qu'elles ont la douceur en partage. Rien ne captive les cœurs comme la clémence. On adore celui qui pardonne; on chérit celui qui, n'étant point irascible, se montre patient. D'où il résulte qu'on ne sauroit inculquer de trop bonne heure la douceur aux enfans, soit en réprimant leur colère, soit en peignant la douceur sous l'aspect le plus capable de la faire aimer.

On distingue dans la classe la plus nombreuse, un écolier doux par caractère et par réflexion, on le cite, on le recherche, et son commerce le rend propre à l'amitié. L'on ne peut être sociable sans douceur, et l'on sait combien l'homme qui n'est pas sociable rend les autres malheureux, et combien il l'est lui-même. On abhorre la jeunesse turbulente, et il n'y a point de père et mère qui ne recommandent à leurs fils de se rendre doux et patiens.

Les despotes ne sont odieux que parce qu'ils abhorrent la clémence, que parce qu'ils la regardent comme une foiblesse, tandis que les animaux leur reprochent leur cruauté. L'exemple qu'ils nous donnent sur cet article mérite une singulière attention, non pour s'en tenir à une imitation stérile, mais pour en profiter d'une manière utile.

QUELLE bonté dans l'éléphant! elle surpasse tout ce qu'on peut dire. Si quelquefois il enlève un homme avec sa trompe, et s'il le tient suspendu pendant quelques momens, ce n'est que pour le déposer tranquillement à terre.

Dapper observe que si un Éléphant vient à tuer celui qui l'a blessé, il ne fait aucune insulte à son corps, jugeant indigne de son courage la bassesse d'outrager un mort. Il va même jusqu'à creuser la terre avec ses dents pour lui faire un tombeau, et à le couvrir ensuite de terre et de feuillages.

Un Cornac, nom qu'on donne à celui qui soigne les Éléphans, s'étant avisé de frapper rudement celui qu'il conduisoit, fut tué sur-le-champ. Au bruit de cette vengeance la femme du malheureux Indien accourt, et marquant par ses sanglots le cri du désespoir, elle jette aux pieds de l'animal deux enfans qu'elle avoit en disant : puisque tu as tué mon mari, et tue moi, tue mes enfans.

Ces paroles semblèrent glacer l'animal : il se calme tout-à-coup, demeure quelque tems immobile, et comme s'il eut du repentir, il enlève avec sa trompe l'aîné des enfans, le met doucement sur son cou, et l'adopte pour son Cornac, de manière à n'en vouloir jamais d'autre.

Pline assure que le Lion, tout

féroce qu'il paroît, est plus capable de clémence qu'aucun autre animal. Il épargne les personnes qui se couchent à terre devant lui. Dans ses accès, mêmes de fureur, il n'attaque les femmes et les enfans, que dans le cas d'une faim insupportable.

Les peuples du Lybie se persuadent que le Lion entend les prières qu'on lui adrese, et l'on raconte à ce sujet qu'une esclave qui revenoit de Gétulie, en avoit adouci plusieurs prêts à fondre sur elle; ce qu'il y a de plus sûr, c'est qu'un certain Mentor de la ville de Syracuse, ayant rencontré un Lion qui se rouloit devant lui comme pour demander grace, il n'en fut pas moins saisi de frayeur. Il s'agissoit d'un éclat de bois entré dans le pied de l'animal, et qui étant retiré par le secours du voyageur, le Lion ne cessa de le lécher, et de le carresser en signe de reconnoissance.

Joseph Colombet, religieux dominicain, rapporte qu'étant en esclavage à Mequinez, résolut de s'évader avec un compagnon de ce lieu, qu'il en vint à bout, et qu'après avoir voyagé plusieurs jours à travers les bois le plus épais, pour se garantir de la terrible ardeur du soleil, il rencontra près d'un étang un Lion qui buvoit, et que, saisi de frayeur, ils prirent le parti de se mettre à genoux devant l'animal qui, paroissant touché de leur humiliation, ne leur fit aucun mal.

Et les hommes vindicatifs et méchans, d'après des exemples aussi sensibles, où les placerons-nous? au-dessous même de ces animaux dont nous rapportons des traits, et des animaux mêmes qui passent pour féroces, et dont on ne parle qu'en frémissant.

QUAND je pense qu'un Lion professe la clémence; qu'un Ours s'adoucit et pardonne; je m'écrie : ô malheureuse humanité! devois-tu donc t'avilir au point d'être inférieure aux qualités de la brute même? L'animal est sensible, et l'homme est cruel; l'animal pardonne, et l'homme se venge.

QU'Y a-t-il de plus doux que le Chien, et qui oublie plus vîte les mauvais traitemens qu'on lui fait. Il va jusqu'à baiser la main qui le frappe, si son maître le maltraite. On est étonné de voir la patience avec laquelle il supporte les coups sans regimber, et même sans se plaindre.

On est tous les jours témoin, et non sans surprise, de la patience avec laquelle les chiens, connus sous le nom de Dogues, ou de Mâtins, souffrent les outrages que leur font les plus petits animaux de leur espèce. Ils les laissent aboyer, les regardant en pitié, et ne dédaignant pas se venger dans la crainte de leur faire du mal. Ici les oppresseurs, qui parmi les hommes riches et puissans, se font un jeu d'écraser les malheureux, doivent frémir. Un animal qui leur reproche leur esprit de vengeance et leur fureur, est la plus terrible leçon qu'on puisse leur donner.

Je voudrois, en conséquence, qu'un habile et sage Mentor, proposât souvent ces modèles de douceur et de bonté, aux enfans qu'il est chargé de former. Si cette méthode avoit lieu, il n'y auroit pas de jour, dans le courant de la vie, où les maîtres ne trouvassent des exemples propres à inspirer l'amour de la patience et de la douceur, c'est-à-dire des deux vertus les plus capables de se concilier les hommes, et de les ramener à leur devoir.

La douceur se fait remarquer jusque dans le Chat même, l'animal qui passe pour traître et pour ingrat. Il resserre ses griffes de manière à laisser croire qu'il n'en a point, et s'il mord celui qui l'élève, ou les enfans qui jouent avec lui, c'est moins pour faire sentir ses dents, que pour caresser. Il n'y a pas jusqu'à sa langue, même toute rude qu'elle est, qu'il sait adoucir par la manière dont il lèche.

Les oiseaux de proie, quoiqu'extrêmement voraces, s'adoucissent pour peu qu'ils soient privés. On a vu un corbeau de la grosse espèce, se déclarer le protecteur d'un petit roitelet. Il le suivoit pour le défendre, et sitôt qu'on paroissoit vouloir l'attaquer, il courroit à la poursuite des agresseurs, et les forçoit à se retirer; le roitelet en conséquence ne vouloit plus l'abandonner, il montoit sur lui, l'éplu-choit, et ne le quittoit pas même la nuit, tant leur liaison devint intime.

On peut d'ailleurs juger de la douceur des animaux lorsqu'on en voit de toute espèce vivre dans la même volière d'un parfait accord. Un mari très-mécontent de la mauvaise humeur de son épouse, dont l'irascibilité faisoit le supplice des enfans et des domestiques, la mettoit en face d'un nombre d'oiseaux qui tous ramageoient et voltigeoient dans une parfaite harmonie, et il lui disoit regarde et médite, voici le meilleur livre que je puisse t'offrir pour te corriger. Ici, il n'y a de coups de bec que pour manger, et tu ne cesses de donner des coups de dents à tous ceux que tu prends en grippe sans savoir pourquoi.

Il est certain que les mères seroient infiniment moins acariâtres, et les enfans bien plus dociles, si l'on s'appliquoit à observer les animaux et à les copier. Mille choses échappent à la vue lorsqu'on ne fait que les entrevoir, et tout parle, tout intéresse, quand

quand on les examine avec une scrupuleuse attention.

Il y a quantité d'animaux qui cherchent à plaire et à se faire des amis. Ils sentent la nécessité de se faire chérir. Le chien pousse la tendresse, et la sensibilité jusqu'à pleurer. Ses hurlemens percent le cœur de ceux qui l'écoutent s'il vient à perdre son maître. Pluche avoit raison de nommer le chien une demi-personne. Il y en a même qui paroissent par leur espèce de raison, avoir plus d'esprit que bien des hommes mêmes.

On assure que le Porc-Epic modifie son poil, de manière qu'il perd en partie sa rudesse, et que l'abeille resserre son aiguillon pour ne jamais piquer ceux qu'elle affectionne.

Les anciens prétendoient que jusque parmi les Crocodiles, il y avoit des modèles de patience et de douceur, qui prenoient en affection certains animaux, et que loin de leur faire du mal, s'attachoient à les défendre. Si ce trait n'est pas vrai, cela prouve au moins qu'on a cru dans tous les tems que les animaux étoient susceptibles de bontés, et que l'homme, tout fier qu'il est de se déclarer leur maître, leur devenoit inférieur, quand il se livroit à des accès de vengeance et de fureur.

CHAPITRE X.

De la Tempérance.

C'est ici la premiere des vertus, puisque sans elle la sagesse même cesse d'en être une. Aussi lisons-nous dans l'écriture qu'il faut être sage avec sobriété, *sapere ad sobrietatem.*

La tempérance n'a pas seulement trait à la gourmandise, elle s'étend sur toute la conduite de la vie. Par elle l'ambition n'est plus qu'une raisonnable émulation, les épargnes ne sont plus que des économies, le desir de savoir, n'est plus qu'un desir légitime, et toutes les vertus renfermées dans les bornes de la prudence n'offrent que des sentimens de modération.

Or, l'animal ne donne point dans les excès opposés à la tempérance. Il se contente de satisfaire la nature, n'allant jamais au-delà du besoin, ce qui ne l'expose point à la plupart des maladies auxquelles nous sommes sujets.

Nous en avons mille, qui ne viennent chez nous que de l'intempérance; aussi le sage, dit-il, avec vérité, que la bouche en a beaucoup plus tué que l'épée. *Plus occidit gula quam gladius.*

Si quelques animaux sont souvent obligés de rejetter la nourriture qu'ils prennent, cela vient moins de leurs avidité à trop manger, que de leur esophage souvent trop étroit. On les voit se contenter des alimens qui leur sont analogues, sans même flairer ceux qui par leur saveur pourroient les flatter; on les voit ne jamais passer l'heure qui lui est prescrite par la nature, soit pour le sommeil, soit pour le lever, à moins qu'on ne leur fasse violence, par la manière dont on les assujettit.

Il n'y a point à craindre qu'ils s'écartent de l'ordre qui leur est prescrit, pour se reproduire hors les tems indiqués. Ne s'unissant jamais qu'à dessein de se perpétuer, ils ignorent l'abus des passions qui nous conduisent jusqu'à commettre des crimes. S'il leur arrive même de se laisser par hazard surprendre par quelqu'excès, ils se retirent, et vont cacher leur turpitude, au lieu que l'homme même en fait souvent trophée.

La tempérance des animaux s'étend sur tout, selon Pline le naturaliste qui les avoit bien examinés. Au milieu d'une course et d'un vol, ils s'arrêtent pour ne pas s'excéder ; l'hyrondelle même si prompte et si agile se ménage des repos, et trouve le moyen presqu'en fuyant de savoir se délasser. La Perdrix, quoique unique dans sa manière de courir s'accroupit d'un moment à l'autre pour reprendre haleine, et pour se fortifier.

Mais c'est principalement l'abeille qu'il faut observer, lorsqu'elle revient à sa ruche, chargée du butin qu'elle a picoré. Se reposant dans un lieu sec, dans la crainte que ses aîles ne fussent appésanties par l'humidité, elle reste immobile jusqu'au moment de son depart. Habile à rappeller ses esprits vitaux, elle reprend des forces capables de la reconduire a son gîte, et de la préserver des maux causés par la foiblesse.

On a souvent parlé d'un cheval excellent à la course, mais qui s'arrêtoit tout-à-coup, lorsque le besoin de se délasser se faisoit sentir. Quelqu'effort qu'on fit pour le faire avancer, il ne reprenoit sa route, que lorsqu'il se sentoit en état de la continuer sans risque de sa santé. Ce qu'il y a de certain, c'est que le cheval, l'âne, le chameau, et je ne sais combien d'autres animaux ne franchissent qu'avec beaucoup de répugnance un danger imminent. Leur instinct leur sert á mesurer des yeux la distance où la profondeur qui s'offre à leur vue. Ils reculent au lieu d'avancer, et par un mouvement subit ils annoncent à celui qui les conduit, qu'ils craignent de s'exposer ; et c'est ainsi que la modération les guide.

On croit souvent qu'un âne qu'on sait être opiniâtre, recule par obstination, et quand on veut examiner la chose, on découvre qu'il ne rebroussoit qu'à raison du bourbier dont il n'avoit pu s'arracher.

Mais où l'on connoit la tempérance des animaux, c'est à la manière dont ils allaitent leurs petits. Quelqu'effort que fasse leur nouvelle progéniture pour les têter, ils la repoussent vivement lorsque les mamelles ne peuvent plus fournir, et alors ils vont prendre la nourriture qui leur est propre, comme s'ils étoient instruits que cela leur fournira du lait.

SONT-ILS malades; ils s'abstiennent de manger, et la diette qu'ils observent alors doit servir de leçon à ces jeunes gens voraces que la raison ne contient pas. On les voit se répandre dans les campagnes, pour y chercher des herbes nécessaires à leur guérison, et que la nature leur indique d'une manière admirable. S'ils ont quelques blessures, ils s'arrêtent pour ne pas envenimer leur mal, et ils usent de leur langue comme d'un remède capable de nétoyer, et de sécher leurs plaies.

Le Porc lui-même, dont la voracité paroit surprenante, ne mange pas au delà du besoin, et cela est d'autant plus vrai qu'il n'est presque jamais malade ; les hommes, à raison de leur gourmandise, ne meurent que trop souvent d'indigestions. Il y a dans la Pologne, et sur-tout dans la Laponie des Élans qui accoutument leurs petits à être sobres, en leur enlevant eux-mêmes ce qui pourroit les incommoder. Mais, ce qu'il y a de plus surprenant, c'est que les bêtes mêmes les plus féroces sont modérées jusque dans leurs vengeances. Plus d'une fois le Lion, prêt à devorer quelqu'homme, ou quelqu'animal, s'arrêta tout-à-coup, comme s'il eut eu honte d'extermiuer son ennemi.

La vie des Élephans, ces êtres presque monstrueux, fournit nombre d'exemples de la plus grande modération, de sorte que notre raison se trouve confondue, lorsqu'on vient á la comparer à leur instinct.

Si certains animaux paroissent souvent endormis; c'est que les uns ont besoin d'un plus long sommeil; mais toujours est-il certain que l'aube du jour est le moment de leur réveil, et qu'alors tous les oiseaux semblent se mouvoir, et ramager, pour benir leur auteur. On diroit que le lever du soleil vient les avertir qu'il existe un être auquel ils doivent leur structure, et leur vie. C'est alors un chant mélodieux qui charme le voyageur, et qui remplit les airs. Avertissèment dont l'homme doit profiter pour s'éléver jusqu'à l'arbitre suprême de sa destinée.

CHAPITRE XI.

De la Prévoyance.

L'HOMME né pour prévoir, d'autant plus qu'il est environné d'écueils dont il ne peut se garantir qu'en réfléchissant, doit sai ir avec avidité tous les exemples capables de l'instruire sur ce sujet. Il n'est pas sans doute extraordinaire qu'il soit averti par ses semblables des pièges qu'on lui tend, mais ce qu'on doit admirer, c'est que le reptile, et l'insecte même lui servent de précepteurs lorsqu'il s'agit de se garantir de quelque mal, et de s'assurer d'un bien être pour l'avenir. Plusieurs animaux amassent la veille pour le lendemain allant jusqu'à cacher en terre les vivres qu'ils ont intérêt de conserver.

Les fourmillières sont remplies de grains entassés qu'on a su apporter avec effort, et souvent de très loin, les toiles d'araignée offrent sans cesse à la vue des mouches tuées pour le lendemain. Rien de plus curieux que de voir la prévoyance avec laquelle un Renard se garantit des regards du moindre observateur, pour faire un amas de victimes qu'il égorge, et qui doivent servir à le substanter.

Plus l'hyver s'avance, et plus il

redouble

redouble ses forces comme s'il prévoyoit les glaces et les neiges. Il semble que quelqu'un lui a dit que la terre va durcir, qu'il n'y aura plus moyen de la creuser, s'il ne se hâtê d'enterrer ce qu'il veut conserver.

Si le Corbeau entrevoit quelque proie dans la campagne capable de le sustenter, il remarque l'endroit, il y retourne exactement le lendemain, au lieu d'aller çà et là pour chercher sa nourriture au loin. Chose plus extraordinaire, il reste immobile, si le chasseur qui se présente à lui n'a qu'un simple bâton, au lieu qu'il fuit s'il voit un fusil.

La prévoyance du plus petit oiseau est telle, dit Pluche, qu'on diroit, qu'il combine lorsqu'il est apprivoisé, et qu'on lui ouvre sa cage, pour savoir s'il prendra la fuite, ou s'il restera; on voit qu'il rumine, qu'il hésite, et qu'enfin après avoir pris conseil de lui-même, il y rentre plus jaloux de s'assurer sa subsistance, que d'aller chercher une nourriture incertaine au milieu des bois.

L'INSECTE se fait remarquer au milieu d'un chemin lorsqu'il s'applique à éviter des écueils, en prenant des détours qui le sauvent du péril. C'est l'histoire d'une mouche qui, pour ne pas tomber dans un vase, en parcourt les bords avec la plus grande adresse.

LE vermisseau lui-même paroit mesurer le chemin qu'il doit prendre, soit pour arriver plus vîte au lieu de sa destination, soit pour éviter des obstacles qui pourroient l'embarrasser. Son coup-d'œil, aidé de son instinct, le dirige de manière à l'arracher au péril.

C'est une chose vraiment surprenante que la prévoyance de l'hyrondelle. Malgré son agilité, elle dispose son vol de façon à saisir la proie dont elle doit se nourrir, sans jamais y manquer. Descartes a beau vouloir nous prouver par des argumens spécieux que les bêtes ne sont que de pures machines, il ne donnera jamais une solution capable de résoudre les objections qu'on peut faire à ce sujet.

Comment l'oiseau a-t-il pu prévoir qu'un nid attaché à un mur doit être en demi-cercle, dans un angle en quart de cercle, et sur un arbre en cercle tout entier. Cependant il l'a prévu, et c'est ainsi que les animaux ont une mesure d'idées et de combinaisons qui les rendent prévoyans, et qui les soutiennent au milieu des dangers.

Qui a dit à l'Abeille qu'en se mouillant les ailes, elle ne pourroit plus voler, et qu'il faut les laisser sécher pour qu'elles reprennent leur élasticité? Ce qu'il y a de sûr c'est qu'elle connoît parfaitement cette manière de procéder, c'est que tout animal évite la rencontre, ou la poursuite d'un animal plus fort, et plus méchant que lui, et qu'il n'y a point d'oiseau qui ne se cache, ou qui ne fuie à tire d'aile pour se mettre à l'abri du chasseur.

Le bétail rentre avec violence dans les étables, dès qu'il entrevoit un nuage qui pronostique une tempête ou une forte pluie ; et c'est un plaisir de voir le plus petit insecte gagner son gîte avec la plus grande célérité, dès qu'il vient à sentir la moindre goutte d'eau.

Personne n'ignore que le chien prévoit le moment où son maître doit faire un voyage. Alors il jappe, tourne, et retourne, donnant à connoître que rien ne lui échappe.

Quoi de plus amusant qu'une chienne qui cherche à intéresser sa maîtresse, quand elle veut sortir avec elle ; redoublant ses caresses, prenant toutes les attitudes possibles, elle vient à bout d'obtenir ce qu'elle desire, allant jusqu'à mordre ceux qui voudroient s'opposer à son dessein.

Avec quelle subtilité la Grenouille nonchalament étendue sur une prairie, ne se glisse-t-elle pas dans l'eau, quand elle prévoit qu'on peut la surprendre, et combien de fois le poisson n'évite-t il pas l'hameçon par son attention à prévoir le piège qu'on lui tend ; le moindre bruit qu'on peut faire, la plus légère ombre qui obscurcit l'eau, suffisent pour l'engager à fuir. On le voit gagner les roseaux, et s'y tenir caché sans mouvement, et presque sans vie, parce qu'il prévoit que la mort le poursuit.

Le créateur, dit Leibnitz, a donné à tous les êtres un instinct admirable pour veiller à leur conservation : prévoyance, industrie, finesse, agilité, autant de moyens qu'ils savent mettre en œuvre pour éviter la mort. Aussi l'animal en cela beaucoup plus sage que l'homme ne mit jamais en usage la funeste faculté de se détruire. Il existe des animaux malheureux, tels que certains chiens errans dans les villes et qui n'ont d'autres ressources pour exister que ce qui s'échappe des égoûts, et ce qu'on jette dans les rues, on voit des Lievres et des Renards blessés à la chasse, dont l'existence ne peut que leur être infiniment à charge, et néanmoins malgré leur misere, ou leur douleur, ils ne travaillent point à se priver de la vie. Ils attendent patiemment la mort, plutôt que de se la donner, de sorte que tout homme possédé de la fureur du suicide, est condamné par les bêtes mêmes qui n'ont cependant ni l'espoir d'une éternité, ni l'usage de la raison. Je ne trouve rien en fait de la prévoyance des oiseaux, dit Élien dans ses observations, de plus sensible, et de plus merveilleux que celle du Loriot. Il suspend son nid à une branche d'arbre la plus mince, et la plus élevée qu'il peut trouver, afin qu'elle n'ait pas la force de porter le voleur qui viendroit lui ravir ses petits.

Je ne puis me promener dans la campagne, ajoutoit-il, lorsque le mois de Mai vient échauffer la nature entière, et couvrir la terre de feuilles, et de fleurs, sans voir avec étonnement un peuple d'oiseaux de toutes couleurs se répandre de toutes parts pour y chercher des matières analogues à leurs nids. L'un transporte des poils, l'autre des morceaux de bois les plus simples, et les plus minces, et cela dans un tems où ils ont un avertissement secret que le moment de leur ponte approche.

De combien de précautions n'usent-ils pas pour garantir la progéniture qui va naître. La femelle de la Hupe dérobe au mâle la connoissance du lieu où elle doit faire ses œufs, prévoyant qu'il ne manquera pas de les manger.

On diroit qu'il existe une horloge pour les oiseaux qui couvent leurs petits. Ils ne manquent pas de se trouver à l'heure précise pour prendre la place du mâle ou de la femelle qui doit aller boire ou manger. Chez les uns, le mâle vient échauffer les petits, chez les autres, il n'y paroit jamais, et chaque espèce a une prévoyance attachée à ce qu'exige sa nature et sa constitution.

Et tel est le grand ordre de cette providence universelle qui se rend sensible dans les plus lègers mouvemens, et dans les plus simples opérations du plus petit oiseau, car l'intelligence du Roitelet, n'est point celle de l'Aigle.

Il n'y a point d'homme qui ne soit émerveillé, pour peu qu'il observe les démarches du coq, il prévient les besoins des poules dont il est environné. Aux unes, il casse les morceaux propres à les alimenter lorsqu'ils sont trop durs et trop volumineux, aux autres il offre une nourriture qu'il trouve en grattant la terre avec effort. Il ne veut pas que celles-ci couvent, et elles ne couvent pas, il ordonne en maître qu'elles le suivent sans le quitter, et elles obéissent avec le plus grand soin.

Mais il faut être écolier pour bien observer les tours, et détours de l'oiseau, qui veut nourrir ses petits, et qui craint qu'on ne découvre son nid. S'il soupçonne qu'on le regarde, au lieu de prendre le chemin direct qui y conduit, il dérobe sa marche aux yeux de celui qui l'épie, et après avoir erré çà et là, il arrive par un nouveau sentier. Il n'y a pas de ruses que n'emploie l'Alouette pour donner le change à celui qui veut découvrir ses petits. Elle feint d'aller dans des endroits tout-à-fait opposés, ou de s'élancer dans les airs, comme si elle n'avoit pas d'autre dessein.

QUANT à la Pie. Rien de plus ingénieux que la manière dont elle construit son nid. Elle prévoit qu'on pourra le découvrir, et pour qu'on ne puisse l'atteindre sans se piquer, elle le hérisse d'épines de manière à intimider celui qui voudroit y porter la main.

QUE ne dirois-je point ici de la finesse des Abeilles, elles prévoyent le brigandage des Guêpes, et des Frelons, et elles emploient le suc des herbes les plus amères pour les écarter. L'homme lui-même est hon-

teux,

teux, quand il veut réfléchir de se voir moins intelligent sur ses propres besoins que les animaux mêmes. Il n'y a pas de doute que la providence a voulu les dédommager de ce qu'il n'y a pour eux ni cours de sciences, ni aucun apprentissage capable de les former. Ils recoivent dès en naissant toute la connoissance propre à les faire exister selon leur espèce, et selon nos besoins.

Il arrive néanmoins que les pères et mères prévoyans la crainte ou l'embarras des petits qui commencent à voler, les accompagnent et les précèdent pour leur servir de mentor et d'appui. On voit avec étonnement la mère essayer le vol de ses petits en se mettant à leur niveau, ne faisant que raser la terre, ne s'élevant de branche

O

en branche que par progression jusqu'à ce qu'ils puissent atteindre la cime des arbres les plus élevés.

Mais la prévoyance des animaux n'est jamais plus sensible que chez la poule, qui se croyant mère de cannetons dont elle a couvé les œufs, n'ose se hasarder à les suivre dans l'eau. Elle crie, elle tourne et retourne sans cesse jusqu'à ce qu'elle les ait rappellé ; elle prévoit qu'une tentative sur l'eau, lui seroit funeste, et cela lui suffit pour qu'elle n'en fasse pas l'essai.

Qu'on rapproche maintenant l'étourderie des jeunes gens qui s'exposent inconsidérément au premier péril, de la conduite des animaux, et l'on croira que ceux-ci sont les êtres raisonnables. Il n'y a point de dangers qui effrayent un étourdi. Ici c'est une tentative où il hazarde son ame et son corps ; là c'est un bain qu'il prend aux risques de se noyer. Ici c'est une maladie qu'il se donne à force de s'amuser, là sa fortune qu'il joue sur une carte, ou sur un dez ; de sorte, que selon la remarque d'un ancien, le jeune homme qui ne sait pas réprimer ses passions, est plus près du tombeau que le vieillard même. Escomptant sa jeunesse sans se rassasier du plaisir, il devient caduc avant d'avoir atteint l'âge viril. Ses joues se décolorent, ses yeux s'éteignent, son visage se flétrit, et ce n'est plus ce charmant Narcisse dont on admiroit la fraîcheur, et dont on envioit la force et la santé.

Si l'animal prévoit qu'une longue course l'épuisera, il s'arrête, ou il ne l'entreprend pas, ne prenant de fatigue, et de repos qu'autant que cela ne pourra lui nuire.

CHAPITRE XII.

De l'Industrie.

C'EST ici le triomphe des animaux, et l'on pourroit même avancer qu'en fait d'adresse, ils l'emportent sur les hommes. On ne les trompe qu'avec beaucoup de peine. Leur œil vif et pénétrant paroît continuellement occupé à les défendre des piéges qu'on leur tend. L'odorat, chez les uns, la vue chez les autres, les dirige au mieux. Sans cet avantage dont la nature les a pourvu, ils ne sortiroient du sein de la mère, que pour être dévorés. On les environne d'embûches, et sur-tout le gibier qu'on met en opposition avec des animaux propres à les arrêter. Personne n'ignore combien le chien est expert dans ce genre de lutte, combien il est industrieux pour charmer le lièvre, ou l'oiseau dont il veut s'empaier.

Un homme curieux d'étudier la nature, ne manque pas d'observer avec les plus grands soins les ruses employées de part et d'autre, l'un pour s'assurer sa proie, l'autre pour esquiver le danger.

Le Nord-Caper, poisson qu'on nomme le mangeur de harengs, et qui en dévore chaque jour le plus qu'il peut, se tient de préférence aux environs de la dernière pointe du nord de la Norwège, et c'est là qu'il se trouve dans l'endroit où il y a le plus de harengs rassemblés. Un coup de queue donné avec adresse forme un tourbillon rapide, qui conduit à sa gueule les petits poissons dont il est friand, et dont il se nourrit avec voracité.

CROIROIT-ON que l'industrie qui n'est autre chose que l'exercice réfléchi, et l'usage combiné des facultés physiques, seroit néanmoins le partage des animaux qui tous en font usage selon leurs besoins, et selon leur instinct. Néanmoins on n'en peut douter. Le moindre coup-d'œil donné dans la campagne où les différentes espèces d'animaux tant aquatiques que terrestres, nous confirme cette vérité.

JE ne suis nullement surpris, disoit

un ancien, qu'un scrupuleux observateur de différentes ruses dont les animaux sont capables, leur suppose une ame, et se fasse une peine de les tuer. La tortue de mer compte quarante jours (tems nécessaire pour faire éclore ses œufs qu'elle cache dans le sable, et qu'elle confie à l'activité du soleil) et revient à point nommé pour emmener sa famille avec elle.

Les rats musqués du Canada, petits animaux amphybies qui tirent leur nom de l'odeur qu'ils exhalent, vivent en société pendant l'hyver, bâtissent des loges dans les marais, et toujours dans les lieux pourvus de plantes, et de racines propres à les sustenter, et jamais ils ne manquent de se placer de manière à n'être pas dominés par l'eau dont ils seroient submergés; et ce qu'il y a de merveilleux, c'est que chaque loge est proportionnée au nombre de rats qu'elle doit contenir. Valmont de Bomare garantit ce fait.

Combien l'Écureuil, ce petit animal propre, leste, alerte, éveillé, n'est-il pas industrieux ? Outre qu'il intéresse par sa vivacité, il casse beaucoup mieux que l'homme le plus adroit, une noisette, une amende, un gland. En Laponie ou il y en a grand nombre, ils passent d'un canton dans un autre, lorsque la disette les oblige à déguerpir, et s'il se trouve quelque riviere, ou quelqu'étang à passer, ils font une grande provision d'écorces, et ils en construisent des espèces de radeaux sur lesquels ils s'embarquent sans rien redouter. Alors retournant leurs queues, et les présentant en forme de voiles, ils forment plusieurs escadres qui offrent de loin le spectacle le plus curieux. Quelques naturalistes prétendent que la fourrure de petit gris est celle de ces Écureuils.

Il est connu de tous ceux qui habitent la campagne, que les loups, habiles à saisir la proie qui assouvit leur voracité, se roulent dans la boue lorsqu'ils veulent attaquer un poulain, et que venant à se secouer sous ses yeux, ils l'obligent à lever la tête dans la crainte d'être aveuglé, ils le prennent à la gorge, et finissent par l'étrangler; stratagême qu'emploie le chat lorsqu'il se roule dans la farine à dessein de surprendre une souris.

Ce n'est pas la seule ruse dont cet animal se sert avec succès. Il faut le voir lorsqu'il croit n'être point apperçu faire de sa patte une cuiller pour puiser du lait dans un pot dont la profondeur est un obstacle à son dessein. Il n'est pas moins industrieux à la pêche. Malgré la répugnance naturelle qu'il a pour l'eau, il se colle au bord d'une rivière, faisant la plus exacte sentinelle, jusqu'à ce qu'il ait atteint le poisson qu'il veut dévorer.

QUANT à la chasse qu'il fait aux oiseaux, il n'y a point de chasseur à l'affut qui soit aussi patient que lui. Guétant sa proie pendant des heures entières, il s'élance tout-à-coup comme s'il voloit lui-même pour saisir l'animal emplumé, et d'un coup de griffe il l'immole, et s'en nourrit délicieusement.

Les mouches mêmes, il les attrape avec une subtilité surprenante ; mais il n'est jamais plus adroit, et plus fin, que lorsqu'il emploie tout le patelinage imaginable pour escamoter le déjeuner d'un enfant ; ce qui fait dire à la Fontaine en parlant de cet animal hypocrite, *un saint homme de chat.* Avec quelle adresse n'enlève-t-il pas un morceau de viande à la broche. On cherche, et le voleur est déjà sur les toits. On prétend malgré son défaut de mémoire qu'il revient à son gîte, l'eut-on porté à deux ou trois lieues pour l'égarer. S'il ne traînoit pas une odeur fétide après lui, moins bruyant que le chien, il intéresseroit davantage l'homme de cabinet. Rien de plus insupportable pour quiconque aime à s'occuper, que les fréquens abboyemens d'un chien qui presque toujours hargneux, semble se plaire à molester tous les allans, et les venans.

Le fameux Bougeant Jésuite, a beau nous dire dans son amusement philosophique sur l'ame des bêtes qu'elles se parlent, qu'elles s'entendent, et qu'elles se communiquent les résultats de leur instinct, j'en suis d'autant moins persuadé, qu'on entendroit au moins leurs cris, lorsqu'elles se trouvent ensemble, et qu'il n'y a rien de plus silencieux que deux ou trois animaux enfermés dans le même lieu. Quoiqu'il en soit, nous goûtons l'avantage de leur silence obstinément gardé. On ne pourroit tenir contre leur verbiage si au milieu de tant de femmes babillardes, et de tant d'hommes causeurs, nous avions encore en sus le parlage des animaux.

Les

Le cheval de fiacre viendroit se plaindre du cocher qui ne lui donne point de relâche, et qui l'assomme de coups, le chien viendroit exposer qu'au lieu d'un mets friand qu'on doit lui donner d'aprés les ordres de sa maîtresse, on ne le nourrit que de pain, et ce seroit du matin au soir la confusion de Babel.

Pour revenir à l'industrie des animaux, on peut affirmer qu'il en est d'eux ainsi que des hommes, qu'il y en a de plus et moins adroits. Combien le renard n'est-il pas fin en comparaison du blairaut !

N'est-il pas surprenant de voir toute l'industrie des hommes les plus ingénieux, échouer devant certains oiseaux quand ils construisent leurs nids : c'est une telle contexture, que l'esprit le plus fin et le plus délié, ne pourroit mieux réussir, et cela sans le secours des mains, mais avec celui de leur simple bec, et quelquefois de leurs pattes qu'ils savent retourner et plier de manière à s'en servir avec succès.

Le pivert perfore les arbres comme s'il avoit des outils, & pour que son travail passe d'outre en outre, il ne manque pas d'y regarder.

Un grain d'instinct de plus, s'écrioit un jour le judicieux *Réaumur*, (lui qui nous a donné un excellent traité sur les insectes) ; il existe des animaux qui se mettroient en société, & qui se gouverneroient mieux que les hommes ne se gouvernent.

On voit jusqu'à l'araignée, ce petit animal dont l'aspect révolte, qui ne soit remarquable par son industrie. La toile qu'elle travaille & qu'elle tire d'elle-même, est si délicatement ourdie qu'on s'arrête pour en admirer le tissu. Il est fâcheux qu'un pareil ouvrage soit à pure perte, quoiqu'il soit certain que l'homme en pourroit tirer parti, s'il ne sentoit pas une répugnance pour tout ce qui émane d'un animal qu'on croit vénimeux. On a vu des gants de toile d'araignées, & qui ne différoient guère de la soie. Pluche en parle comme d'un fait certain. Ce qui prouve qu'il n'y a rien dans la nature, quelqu'abject & quelque révoltant qu'il paroisse, qu'on ne puisse employer utilement, quand on veut se donner la peine d'en tirer avantage.

Je n'ai point encore parlé de ces chiens

qu'on dresse au combat, qu'on accoutume au bruit du canon, et qui trouvent dans leur instinct le moyen de se former à la danse, d'après les soins d'un maître intelligent, et de composer un concert.

Leibnitz prétend avoir entendu un chien à Léipsic qui articuloit quelques mots; je veux bien le croire dès qu'il le dit, mais ce ne seroit qu'une faculté physique que le chien auroit de plus, au lieu qu'il en a sans nombre, qui tiennent à la réflexion.

Et ce départ des hyrondelles qui semblent se donner le mot pour partir toutes ensemble au même instant. Le vent bise a beau souffler pendant l'été, elles ne s'en vont que lorsqu'il annonce l'hyver. On a vu jusqu'à des puces enchaînées, traîner une petite voiture; certainement il n'y avoit rien d'aussi exigu ; l'on ne sait ce qu'on devoit le plus admirer de la chose en elle-même, ou de la patience de celui qui l'avoit imaginée. C'est ici qu'on peut bien s'écrier : á quoi l'amour de l'argent n'assujettit-il pas les foibles mortels ? *Auri sacra fames quid non mortalia cogis pectora !*

L'industrie des animaux est d'autant plus étonnante, qu'excepté le singe, ils n'ont pas de mains, si nécessaires pour employer l'adresse avec succès. Il est vrai que plusieurs y suppléent en ajustant leurs pattes de manière à exécuter ce que leur conseille le besoin. Pour peu qu'un os échappe à l'avidité du chat, ou du chien il l'assujettit avec ses griffes, & il s'en rend maître.

On dit qu'il y a des tems où le loup contrefait le bêlement de la brebis, & qu'il trouve par ce moyen, le secret de s'introduire dans une bergerie. Et quel ravage n'y fait-il pas ? Deux ou trois loups s'entendent quelquefois de manière que l'un s'avance vers un troupeau pour en détourner les chiens, tandis que l'autre profite du moment pour fondre sur les moutons.

Il falloit que la providence donnât ces moyens à certains animaux, autrement ils ne pourroient se nourrir. Ils vivent les uns des autres, ce qui les empêche de trop se multiplier. Il paroît d'après cela que les loups se mangent, quoique le proverbe dise le contraire, & la raison qu'on en donne, c'est que la portée d'une louve est au moins de neuf à dix petits, & qu'il y a beaucoup plus de moutons, quoique la brebis n'ait jamais qu'un agneau, ou deux, & qu'on en mange sans cesse.

On a longtems parlé d'un singe qu'on avoit dressé de manière à jouer aux échecs, & c'est un fait dont plusieurs ont été témoins. Mais sans aller jusqu'à l'Amérique chercher des exemples de l'industrie des animaux, combien la chienne ne montre-t-elle pas d'adresse & de sagacité, lorsqu'après avoir mis bas ses petits dans un endroit éloigné de son gîte ordinaire, elle traverse une rivière, les prenant dans sa gueule l'un après l'autre, de manière à les transporter sans aucun péril.

Il sera maintenant question d'un serein, qui, pendant qu'il vécut, ne manqua jamais d'aller prendre chaque matin un morceau de sucre, de l'apporter à sa maitrêsse, & de l'inviter, par ses caresses, à le manger. C'étoit son premier soin, toutes les fois qu'il s'éveilloit, & chose encore plus extraordinaire, il avoit l'air d'entrer en convulsion, & de se désespérer quand elle se disposoit à sortir. Alors il se retiroit dans sa cage, comme dans un boudoir, ne donnant presqu'aucun signe de vie, hors l'expression de sa douleur.

On diroit que les animaux connoissent l'humeur de ceux qui les nourrissent. Ils ne caressent qu'avec réserve le maître grondeur ou sérieux, tandis qu'ils se prodiguent, envers celui dont l'air riant annonce la bonté; d'où l'on peut dire, tel maître, tel chien.

Veut on des exemples plus frappans.

On rapporte que la Condamine & Bouguer, dans le voyage qu'ils firent au Pérou, pour mesurer un dégré de l'équateur, eurent le plaisir de voir des singes leur donner la comédie; & quel fut ce genre de spectacle? Celui d'exécuter en leur présence, tout ce qu'ils avoient fait dans leurs observations, c'est-à-dire, de planter des signaux, de courir à une pendule, d'écrire, de regarder les astres avec des lunettes, d'imiter enfin, dans la plus grande exactitude, ce qu'ils avoient vu faire aux deux savans Européens.

On sait combien le singe est adroit, lorsqu'il se met en marche pour aller à la picorée. Il n'y a point d'écolier qui pille avec plus d'adresse. Ils vont en bande, & se donnent de main en main, les fruits qu'ils volent dans le plus grand silence. S'il y a quelques dangers, un d'entre eux pousse un cri qui sert de signal, ponr faire une prompte retraite. Les jeunes montent sur les épaules des vieux, & chacun se retire à catimini. Il y a des singes qui ont besoin du fouet pour obéir, & d'autres auxquels une seule parole suffit.

Le célèbre Buffon, dit avoir vu un Orang-outan, présenter sa main pour conduire les gens qui venoient le visiter, se promener gravement avec eux, s'asseoir à table, déployer sa serviette, s'essuyer les lèvres, se servir de la fourchette pour porter à sa bouche, verser lui-même sa boisson dans un verre, le choquer lorsqu'il y est invité.

Nota. Qu'il se tenoit debout, qu'il ne vécut à Paris qu'un été, & qu'il mourut l'hyver suivant à Londres, où on l'avoit mené ; il buvoit du vin, mais en petite quantité.

Et tels sont ces animaux souvent plus adroits que l'homme même, malgré les ressources de son éducation, et de sa raison. Avec quelle industrie ce ver-à-soye qu'on méprise, et qu'on écrase, ne file-t-il pas ce qui fait notre plus belle parure. Son travail est digne des artistes les plus excellens, et même à bien le prendre, infiniment supérieur à tout ce qu'ils peuvent imaginer.

On a lu bien des fois qu'un mulet accoutumé à porter un poids énorme de sel, s'apperçut un jour qu'en tombant dans une rivière, le sel avoit fondu, et que par conséquent il se trouvoit beaucoup allégé ; le fin matois, il pensa que ce stratagême lui réussiroit si chaque fois qu'il passeroit l'eau, il avoit soin de s'y laisser cheoir. Alors sa charge ne fatiguoit plus, mais comme cela n'arrangeoit point son maître, on ne le mena plus par le même chemin.

Enfin, l'adresse et l'industrie des animaux sont à un tel dégré, que les hommes apprirent d'eux-mêmes plusieurs moyens de perfectionner leurs travaux et de se soulager dans leurs maladies. Il n'y a pas de doute que la structure du nid de l'hyrondelle n'ait donné l'idée de la maçonnerie, que l'art de filer le chanvre et d'ourdir les toiles n'ait pris naissance des ouvrages de l'araignée; que l'usage des digues et des pilotis ne nous soit venu des castors. Il est démontré que la Cicogne, par les

injections

injections qu'elle se fait elle-même dans l'anus, nous a enseigné l'usage des lavemens. L'Hippopotame, ou cheval-marin, nous apprit à nous saigner. Quand il regorge de sang, il s'approche des roseaux tronqués, sur-tout des plus aigus, s'appuie dessus, et vient à bout de s'ouvrir une veine d'où le sang sort avec abondance; bouchant ensuite avec du limon l'incision qu'il s'est faite, il agit comme le meilleur chirurgien. Plusieurs prétendent que le chien en cherchant des simples propres à le guérir lorsqu'il est malade, nous persuada d'en faire usage, et que par conséquent on lui doit en premier lieu l'usage de la botanique.

Je ne puis m'empêcher de citer le trait de l'hirondelle, qui, secondée de mille autres, claquemura un moineau dans le nid dont il s'étoit emparé, et celui du pivert qui se voyant captif, appella tous les oiseaux de son espèce dont les efforts surent le délivrer.

Zémire, charmante petite chienne, enterrée à Argenteuil, (où son maître, lieutenant-colonel au service de Pologne, lui a érigé un petit monument décoré d'une épitaphe) avoit le rare talent de rire quand elle vouloit exprimer sa joie, ce qui est d'autant plus étonnant que les animaux ne rient jamais.

Le célèbre auteur de l'Anti-Lucrèce, dans son excellent poëme, au livre sixième de l'intelligence et du courage des animaux, rapporte le fait suivant. Il cite un Milan, qui, quoique le plus hardi des oiseaux, n'avoit encore fait la guerre qu'à des colombes, mais qui, provoqué par un Aigle, trouva le moyen de s'en rendre maître, et de le vaincre malgré sa prestance, et sa force.

Le Milan ose le poursuivre, et le harceler en lui portant des coups redoublés, et l'Aigle peu touché d'un pareil attentat, s'en apperçoit à peine, et continue ; mais à son retour, le milan revient à la charge, lui arrache une plume, et fier de cette dépouille, la porte dans son bec, comme un trophée.

L'Aigle enfin irrité le saisit, et par un reste de clémence lui faisant grace de la vie, il le laisse sans plume sur un rocher. Le Milan nud, transi de froid, honteux de sa défaite, cherche à s'en venger, et nourrissant ses membres, et sa fureur, il s'exerce lorsqu'il a repris ses forces à passer, et repasser par une ouverture que le tems et les eaux avoient faites sur le pont de bois.

Après s'être assuré du succès par des épreuves réitérées, il s'élance dans les airs, il cherche l'aigle, le défie, et le roi des oiseaux ainsi provoqué, poursuit l'aggresseur qui, traversant l'ouverture à laquelle il étoit accoutumé, l'engage dans le piége qu'il lui a tendu.

L aigle s'embarrasse par la difficulté de resserrer ses aîles, et le milan profitant de la circonstance, revient sur le pont, prend sa revanche, plume l'aigle à coups de bec sans qu'il puisse se défendre, et content d'avoir usé de représailles, se retire en vain queur.

Le même auteur dit avoir vu dans

les contrées ou le rapide Niester prend sa source, pour arroser les vastes plaines des Daces, pays de Lucraine habité par les Cosaques, des animaux qu'on nomme en Pologne Baubaques, espèce de Renards, qui ne vivent que des productions de la terre, et qui se rangent en bataille quand la guerre qu'ils se font, les appelle au combat. Ainsi lorsque l'amour farouche de la gloire les saisit, ils sortent en foule de leurs tannières, et tout en frémissant de l'ardeur qui les anime, ils forment des bataillons. Les deux armées séparées l'une de l'autre tracent leur camp dans la prairie. Un cri guerrier donne le signal, et tout-à-coup dans l'accès de la plus grande fureur, tout se choque, tout se mêle dans un instant, les corps se confondent, et la terre innondée de sang, rougit dans un clin-d'œil. La victoire se décide, les vaincus prennent la fuite, excepté ceux qu'on fait prisonniers, et on ne se contente pas de les renfermer dans des fosses profondes, on les retient dans une prison qui ne finit qu'avec leur vûe. Il y en a qu'ils font travailler de manière à transporter sur leur ventre les provisions dont ils ont besoin. C'est un spectacle de voir ces malheureux captifs qui tiennent les pattes élevées, et que les vainqueurs traînent par la queue comme des chariots animés.

Ces faits, quoiqu'incroyables en apparence, sont attestés par trop de témoins pour qu'on en puisse douter, et ils servent à prouver jusqu'où va l'industrie des animaux.

CHAPITRE XIII.

Du Courage.

C'est ici le triomphe des animaux; il est rare d'en trouver de poltrons. On voit même les plus petits chiens se lancer contre des bêtes féroces, jusqu'au point de les provoquer, et de ne redouter ni les dogues, ni les bêtes à cornes.

La jeunesse ne peut trop s'instruire à leur école, lorsqu'elle se sent lâche et timide.

Depuis que l'artillerie est en honneur, qu'elle est formidable et bien servie, le courage et l'intrépidité sont devenus presqu'inutiles à l'homme, et il ne falloit pas moins que l'esprit républicain, qui vient de se manifester d'une manière frappante parmi les Français, pour leur voir faire des choses étonnantes jusqu'à s'ensevelir dans des abîmes, plutôt que de céder prise, et de laisser échapper une victoire; mais pour que cette ferveur ne se ralentisse pas, il est à propos de citer les exemples les plus capables de l'entretenir; et qu'y a-t-il de plus frappant que celui de deux éléphans de guerre appartenant au roi Antiochus, et dont Antipater fait mention? Un de ces animaux, nommé Ajax, ayant refusé de sonder le fond d'une rivière qu'Antiochus vouloit passer, on publie à haute voix que celui qui passera le premier sera chef de tous les éléphans, et dès le moment même les ci-dessus mentionnés s'empressent avec toute l'ardeur possible de gagner l'autre côté du rivage, et lorsque l'éléphant Patrocle arrive le premier, le roi le gratifie d'un caparaçon d'argent, honneur auquel les éléphans sont très-sensibles, et Ajax, son émule, honteux d'avoir été vaincu, se laisse mourir de faim, et périt de désespoir.

Pline rapporte que le lion, toujours intrépide, ne regarde jamais du coin de l'œil quelque force qu'on lui oppose, et que malgré la supériorité d'un ennemi, il affecte de le fixer sans jamais détourner la vue.

Quoique de tous les animaux carnassiers, le tigre soit le plus féroce, ayant, selon la remarque de Buffon, une rage constante qui lui fait déchirer ses propres enfans, et dévorer la mère lorsqu'elle veut les défendre. *La gazette de France*, en date du 16 juillet 1764, rapporte qu'un vaisseau de la Compagnie des Indes ayant apporté deux tigres, le duc de Cumberland fit lâcher un de ces animaux dans la forêt de Vindsor, où l'on avoit formé une enceinte, et qu'un cerf qu'on lui avoit opposé usa si bien de son courage, qu'il le mit hors d'haleine, sans qu'il pût revenir à la charge.

En Bourgogne, où l'on est dans l'usage d'envoyer paître les vaches sur les montagnes qui sont au-delà de la petite rivière d'Ouche, un cerf ne manquoit pas de se trouver sur la rive à dessein de poursuivre un taureau. On peut dire que c'étoit sa récréation, comme s'il eût eu le projet de livrer bataille aux animaux qui sembloient l'attaquer. Le taureau mis hors de combat, le cerf, fier de sa conquête, se rendoit maître du troupeau, et ramenoit les vaches au village, qui le suivoient avec le plus grand soin.

On a vu jusqu'à la chèvre, qui néanmoins ne passe pas pour être courageuse, faire reculer un lion. Soit frayeur ou pitié, rapporte le sieur Brue, directeur de la Compagnie française au Sénégal, l'animal féroce alloit se cacher, et la chèvre le faisoit fuir.

On sait que lorsqu'Alexandre-le-Grand partit pour l'Inde, il avoit reçu du roi d'Albanie un chien d'une taille énorme, et qui fit parade d'une telle intrépidité, que s'étant enflé de colère, il triompha de la fureur d'un éléphant. Cet énorme animal se vit tellement harcelé, qu'il se laissa tomber par terre d'une chûte si lourde, que le sol en fut ébranlé, et voilà ce que fait le courage.

Il y a des exemples incroyables de bravoure parmi les chats marins. Cet animal amphybie, qui a beaucoup de ressemblance avec le veau, et qui n'est guère moins gros que le bœuf, se présente toujours avec le plus grand desir de combattre. Il porte des yeux étincelans, il grince des dents, et il n'y a point de petite guerre d'où il ne sorte victorieux.

Bien différent de l'homme, plus le chat marin vieillit, plus il est intrépide. Si quelque personne passe près de sa retraite, il se lance sur lui, et lui eut-on crevé les yeux, brisé la mâchoire, il n'en n'en est que plus ardent à vouloir se défendre ; et s'il s'avisoit de fuir, tous les chats voisins en feroient justice comme d'un lâche indigne de vivre dans leur société.

Mais sans parler des quadrupèdes dont la force annonce le courage, combien les coqs ne se montrent-ils pas intrépides dans les combats qu'ils se livrent en Angleterre ! Ils se provoquent sur le champ de bataille avec toute la fierté d'un héros. Les crêtes se dressent, les regards s'enflamment, et plus ils sont blessés, plus ils s'irritent, et plus ils reviennent à la charge avec impétuosité. On se fait un plaisir à Londres, d'aller voir ces combats, et d'y mener la jeunesse comme à un spectacle qui lui donne de l'enthousiasme et de l'élan pour les conquêtes.

Les coqs de la plus haute taille ne sont pas toujours les plus courageux, et c'est ce que nous voyons parmi les hommes de six pieds, qui quelquefois sont moins forts que ceux d'une taille moyenne, par la raison qu'une grosse machine ne s'ébranle pas facilement.

Deux coqs d'une disproportion frappante, dans une traversée de l'Amérique en France, parurent sur le tillac, et ce fut le petit qui, à force de se mouvoir et de profiter de tous les avantages possibles, gagna la bataille. Le grand coq, intimidé, finit par se jetter à la mer, et le vainqueur étoit au moment de le poursuivre jusque sur les flots, si l'officier auquel il appartenoit ne l'eût arrêté. Ce capitaine l'appelloit son maître d'armes, et disoit qu'on devroit introduire dans les collèges ces sortes de combats, persuadé que leur exemple communiqueroit aux jeunes gens une ardeur guerrière.

C'est un spectacle intéressant de voir dans les campagnes des combats d'oiseaux. Ils se provoquent avec une telle fureur, que les uns sortent du choc toutes les plumes arrachées, et les autres avec des membres mutilés. Le geai sur-tout s'y distingue par une vivacité qu'on ne peut rendre, il fait rage, criant comme un forcené, appellant à son secours tous les oiseaux de son espèce, et ne lâchant prise que lorsqu'il a laissé plusieurs de ses ennemis sur la place.

Ainsi, dans l'ordre de la nature et de la société, tous les individus se jalousent, se dévorent, et toujours les plus courageux triomphent.

Il n'y a pas jusqu'aux sauterelles qui développent une hardiesse à laquelle on ne s'attendroit pas lorsqu'elles vont picorer. Elles ont un chef qui voyage au hasard, allant à la découverte, tandis que les autres attendent prudemment l'ordre de leur marche; et combien les fourmis, ce fléau si redoutable à l'Amérique, ne font-elles pas de ravages par leur obstination à gagner du terrein, et à piquer ceux qui s'opposent à leur brigandage! Leur voracité est surprenante, et elles savent si bien se maintenir dans les lieux dont elles s'emparent, qu'il est impossible de les en déloger. Elles résistent aux fumigations, et à tout ce qu'on entreprend pour les exterminer, ou du moins pour les faire déguerpir. Attaquées d'un côté, elles reviennent de l'autre, et c'est une lutte continuelle entre les assiégeans et les assiégés. Elles se retranchent de manière qu'il faut absolument leur céder.

Et l'abeille avec le frélon, quelle énumération d'assauts et de combats si l'on vouloit entreprendre de les détailler! Il n'y a point de ruses, point de forces que leur courage ne mette en œuvre pour remporter la victoire. On voit jusqu'à des milliers d'abeilles et de frélons tués autour des ruches. Souvent la terre en est couverte.

Quel retour sur lui même ne doit pas faire un lâche, quand il voit de si petits animaux remplis d'ardeur, pour se défendre ! Un poltron ne peut supporter un pareil spectacle, ou il est absolument stupide.

On raconte que les petits crabes et les tourlouroux, deux espèces dont les plus gros n'ont pas plus de deux ou trois pouces de largeur, ont, aux îles des Antilles qui en produit en abondance, des combats singuliers. Ils se tiennent le long des rivières, sortant des souches et des rochers, pour se retirer dans des lieux frais avant que la pluie leur manque, et se mettent à l'abri des chaleurs. Leur marche semble être celle d'un général d'armée quand ils se divisent en trois bandes pour guerroyer ; et quelque chasse qu'on leur fasse, ils reviennent et reparoissent aussi calmes que si on ne les eût pas dispersées. C'est en vain qu'on en tue, les corps morts qu'ils rencontrent, et dont la campagne est souvent couverte, ne les effraient pas.

Il est impossible de faire un pas dans la campagne, sans se rendre témoin du courage des plus petits animaux. L'insecte même se regimbe contre l'homme quand il veut attenter à sa vie, ou seulement l'arrêter dans sa marche. Il n'y a que le lâche qui, seul, contredit la nature, elle qui a mis dans tous les êtres animés la volonté de résister à l'oppression, et les moyens de se défendre.

L'ANIMAL se double en quelque sorte, et se multiplie lorsqu'il s'agit de conserver sa loge ou son trou. L'araignée dispute le terrein à la mouche, et on les voit se livrer l'un et l'autre de sanglans combats. Il n'y a presque pas de toile d'araignée où l'on ne découvre les vestiges des batailles qui s'y livrent.

Et si je reviens aux animaux domestiques, je les trouve presque tous courageux. Avec quelle vigueur les chiens ne se défendent-ils pas des chats! Aucun d'eux ne veut être dominé, aucun d'eux ne veut déguerpir de la place qui lui est assignée.

J'ai vu moi-même un chien loup qu'on nomme *Azor*, et que sa maîtresse, aussi vive que charmante, envoie au milieu du feu, et en revient avec tant d'ardeur, il rapporte avec sa patte des charbons allumés sans crainte de se brûler.

Pline observoit que les bêtes ne sont

continuellement en guerre, que parce qu'elles ont naturellement du courage. Sans la bravoure, on ne verroit de leur part que des trahisons.

Il n'y a que les brebis qu'on peut soupçonner d'être lâches et timides, et encore quel courage parmi les béliers ! Ils se rendent redoutables à l'homme le plus fort. Leur tête leur sert de bouclier pour repousser les traits qu'on voudroit leur lancer; et les brebis elles-mêmes, quoique naturellement craintives, résistent souvent à la morsure du chien qui les conduit. Pour peu qu'on les irrite, elles reviennent contre ceux qui les attaquent après avoir fui; d'où je conclus qu'un poltron est un être absolument déplacé dans l'ordre de la nature, et que tout homme qui réfléchit doit en avoir horreur.

Il ne s'agit point ici d'engager les jeunes gens à faire parade d'une valeur fanfarone, ni les exciter à provoquer et à soutenir des duels pour le premier mot, de manière à se rendre susceptibles au moindre propos. Le vrai courage se possède, ne se met en avant que lorsque le devoir le requiert, et quand l'honneur le commande. Autrement on passe pour étourdi, pour quérelleur, enfin pour un être insociable qu'on redoute avec raison et qu'on évite.

Presque tous les animaux, même les plus violens, ne font rien à l'homme si on ne les attaque, à moins que la faim, ou la peur de périr ne les stimule. Alors ils se rendent formidables autant que la nature le permet. Le serpent lui-même tout venimeux qu'il est, fuit à notre approche, et cherche une retraite où il puisse n'être point attaqué, par la raison que tout individu veille à sa conservation. La providence lui a imprimé cet instinct dès le moment qu'il est né, aussi peut-on dire que la bête sur ce point, beaucoup plus sage que l'homme, ne se donne jamais la mort, à moins qu'elle ne soit poursuivie de manière à tomber dans quelque piége, par la raison, disent les naturalistes, qu'elle ne va pas au-delà du cercle qui lui est tracé. Il n'y auroit que la rage qui pourroit la porter à cet excès, et encore n'en a-t-on pas d'exemple.

Mais si rien n'est plus digne de mépris qu'un homme dont l'énergie doit se manifester dans toutes les actions de sa vie, qui manque de courage ; combien ne mérite-t-il pas de reproches quand il vient à se faire un systême de tout oser en dépit des bienséances et des loix ! alors ce n'est plus bravoure, et une telle effervescence ne vient que d'un cœur absolument dépravé. Il est dans la nature d'avoir des égards pour nos semblables, de compatir à leur foiblesse, et de les excuser quand leur parole, et leurs actions n'ont d'autres principes qu'un premier mouvement auquel la réflexion n'a point de part.

De-là vient qu'on n'apprend à la jeunesse à ne tirer des armes que pour se défendre dans l'occasion, et non pas pour attaquer le genre humain. La société ne seroit plus qu'un assemblage de tigres, et de léopards,

si

si on ne se rencontroit que pour se déchirer, et que pour se donner réciproquement le coup de la mort. Elle vient assez tôt cette dangereuse meurtrière sans la provoquer, et quand l'homme est assez malheureux pour avoir tué son semblable dans une rixe qu'il ne peut éviter, il doit en gémir toute sa vie, et pleurer éternellement celui dont il a terminé les jours.

Il n'y a pas de doute que les exemples que j'ai recueillis pour les mettre ici sous les yeux de la jeunesse, ne soient très-capables de la porter à se retenir, et à se corriger des défauts auxquels les passions du premier âge osent nous assujettir.

CET ouvrage pourroit sans doute être plus étendu, mais ce n'est pas en entassant phrase sur phrase, exemple sur exemple, qu'on vient à bout d'éclairer les esprits, et de réformer les cœurs.

Le célèbre Rollin, si connu par son excellent livre sur la manière d'étudier et d'enseigner, veut qu'on n'emploie qu'avec sobriété ce qui peut instruire et toucher la jeunesse. Quelques traits, dit-il, rapportés à-propos, frappent beaucoup plus que de longs récits.

F I N.

OBSERVATIONS

SUR LES AVANTAGES

DE LA RÉPUBLIQUE FRANÇAISE.

Première Observation.

La République étant le plus ancien gouvernement du monde, et par-conséquent celui qui existoit au tems que nos premiers pères n'avoient point été corrompus par le luxe, et par tous les excès qui sortirent en foule de l'ambition, de l'amour et de la cupidité, doit nécessairement être le meilleur. Outre qu'il est l'image de chaque famille dont l'attachement, la candeur, et le même intérêt font le lien, il n'a point cette impérieuse domination pour laquelle l'homme n'est pas né.

Seconde Observation.

De toutes les Républiques qui ont existé, et qui existent encore, la démocratique, c'est-à-dire, celle où le peuple fait exercer par des réprésentans la souveraineté qui lui appartient, est essentiellement la meilleure comme n'étant point oppressive, et comme ayant l'avantage de tenir tous les individus dans une parfaite égalité, comme assujetissant tous les citoyens aux mêmes peines quand ils ont pêché contre la loi, et comme récompensant sans acception de personne, ceux qui ont bien mérité de la patrie.

TROISIEME OBSERVATION.

QUELQU'EXCELLENTE que puisse être une République dans ses principes, et dans sa manutention, elle n'a réellement d'avantages qu'autant qu'elle est une et indivisible, et sur-tout dans un état aussi étendu que la France, où chaque département venant à s'isoler de la mère-patrie, et de la cause commune, feroit un peuple à part ; et cette division seroit une source de guerres intestines, au lieu que la concorde et la paix rallient tous les esprits, les loix sont par-tout les mèmes ; et l'on n'est pas exposé à changer de coutumes et de réglemens comme on change d'habits et de domicile.

AINSI, lorsque Paris la métropole

prononce, on décrete ; chaque département obéit, et cette sage subordination maintient l'union, et conserve les droits de l'homme, de maniere que personne n'ose les léser, sans se rendre coupable de révolte.

Quatrieme Observation.

Les rois n'ayant commencés à paroître sur le globe, que lorsque la corruption avoit déjà fait des progrès, et s'étant vu dès le premier moment de leur règne, entourés de brigands, et de flatteurs, empiétèrent le plus qu'il leur étoit possible sur les peuples dont ils n'étoient que les délégués, et la tyrannie devint l'époque de leur grandeur. Chose d'autant plus facile à comprendre qu'il est aisé de tromper un seul homme, et de l'aveugler, au lieu qu'une république composée d'un nombre d'individus dont les vertus et les talens sont en société, n'a point cet inconvénient.

D'ou il s'ensuit qu'une république, où il n'y a ni princes, ni lords, ni comtes, ni marquis, ni barons, n'est point exposée aux rapines, aux vexations, et qu'elle jouit du précieux avantage de l'égalité, qu'on n'y redoute enfin ni la hauteur des grands, ni leur rapacité.

Cinquieme Observation.

Tous les yeux d'une république étant continuellement ouverts, et tous les individus pouvant s'en approcher, soit par les emplois dont ils se rendent capables, et qu'ils occupent alternativement, soit par les pétitions qu'ils ont droit de faire en tout tems, et qu'on ne manque pas d'écouter, le mérite et la vertu, sont dans le cas de se produire, au lieu que dans les monarchies l'homme à talens est presque toujours oublié. Il n'y a que les intrigans qui ont part aux faveurs de la cour, et plus l'homme a de mérite, moins il connoît les routes obliques, et plus il s'en éloigne.

SIXIEME OBSERVATION.

QUOIQU'IL soit impossible qu'il n'y ait dans un vaste état des personnes plus riches les unes que les autres, et qu'il en faut même d'opulentes qui fassent travailler l'ouvrier, et qui assistent l'indigent, les républiques ont moins de fortunes disproportionnées, n'offrant pas autant de moyens de s'enrichir, par la raison qu'on a les yeux ouverts sur ceux qui gèrent les finances, et qu'on ne peut piller impunément. Ainsi, le maltotier est content lorsqu'il retire de sa place dix mille livres de rente, au lieu qu'il en falloit pour le moins cent mille à un fermier général. Eh! combien n'en donnoit-on pas aux ministres, sans l'argent qu'ils prenoient à toutes mains? Ce qui obéroit le royaume, et ce qui écrasoit les particuliers.

Septieme Observation.

Les républiques ne donnant point dans le faste des cours, et ne recompensant qu'avec une sage économie, et lorsqu'on l'a mérité, il n'y a point d'occasions de dépenser comme dans une monarchie. Sous l'empire des monarques, chaque grand veut les imiter, et de l'un à l'autre le luxe se communique, et insensiblement les plus riches sont écrasés par les dettes et par les profusions.

Aussi voit on dans les républiques même celles qui ont des nobles, telles que Venise et Gênes, des loix somptuaires qui répriment le faste, et qui règlent la manière de se vétir. On n'y porte que du noir, ce qui ne se feróit peut-être pas dans une république plus étendue où le luxe est nécessaire pour la circulation du commerce. Preuve que les états républicains sont beaucoup plus sages dans leur gestion, que les monarchies.

Huitième observation.

Les places dans les républiques ne se donnant qu'au concours, et l'assurance que chacun a de pouvoir y parvenir s'il s'applique, l'émulation y règne beaucoup plus que dans les monarchies, je parviendrai, si je travaille, peut dire l'écolier le plus indigent, quoique sans protection, et sans recommandation, au lieu qu'il étoit sûr de vivre et de mourir ignoré sous la domination monarchique, à moins qu'il n'eût frappé à toutes les portes avant d'obtenir la moindre grace, principalement lorsqu'on n'avoit pas un nom.

Il n'y avoit que des circonstances heureuses qui arrivoient rarement, capables d'avancer un malheureux Plébéyen.

Ceux qu'on nomme *sans-culottes*, pouvoient se regarder comme exclus de tous les emplois et de toutes les faveurs, quoique cachant souvent des talens réels sous un habit de burre.

Que les jeunes gens se félicitent donc de l'heureux changement qui vient d'arriver, et qui doit infailliblement leur procurer des avantages dont ils n'auroient jamais joui sous une monarchie qui, voisine du despotisme, est toujours oppressive, les regards d'un seul ne pouvant s'étendre aussi loin que ses états, sans parler de la dissipation, et des distractions qu'entraîne nécessairement la qualité de souverain.

J'avois à peine treize ans qu'instruit par un de mes cousins qui avoit longtems séjourné à Berne, petite république aussi tranquillement que sagement administrée, je desirois déjà d'y faire un voyage, et de m'y fixer.

Il avoit tellement enflammé mon cœur pour ce petit pays par la peinture qu'il me faisoit des mœurs des habitans, du respect qu'on y avoit pour le peuple et pour les loix, de la liberté qui régnoit chez tous les particuliers, que je comptois m'y fixer.

On n'y est donc point, disois-je en moi-même, ébloui par les grandeurs, ni tyrannisé par les grands, et par conséquent l'on n'a point à redouter les coups du despotisme.

Ces premières notions me firent naître le desir de connoître à fond la différence des gouvernemens qui partagent l'univers , et à mesure que j'avançai en âge, je vins à bout de les étudier, et de les approfondir.

Ayant évalué la Monarchie, je vis qu'elle approchoit trop du despotisme pour être bonne en elle-même, qu'il n'existoit entre l'un et l'autre qu'un point imperceptible, comme l'observe l'auteur de l'Esprit des loix, et je me persuadai que le républicanisme étoit sans contredit le gouvernement le plus analogue à l'égalité des hommes, et le plus propre à maintenir une honnête liberté.

On m'objectoit que tous les gouvernemens ne pouvoient être républicains, et je n'en voyois pas la raison. Si les nations, répliquois-je, sont réellement propriétaires de la souveraineté, et qu'elles ne puissent l'aliéner, comme cela est incontestable, rien ne les empêche de s'ériger en républiques. J'en fus plus que jamais persuadé en passant au service de Pologne, où j'aurois voulu pour le bonheur du pays, qu'il n'y eût point de rois, l'élection des monarques ayant toujours fait son malheur.

Il y avoit long-tems que la France, toujours opprimée et toujours dilapidée par des rois qui plus ou moins faibles, en faisoient le séjour du luxe, de l'intrigue, et de la dépravation, attendoit le moment de secouer un pareil joug, mais elle n'osoit briser ses chaînes moins par timidité, que par un ancien respect pour ceux qu'elle regardoit comme ses maîtres, et jamais cela ne fut arrivé si l'insurrection du peuple accablé sous la tyrannie n'eût enfin éclaté.

Jour d'antant plus cher aux Français qu'ils ne sont pas de nature à être enchaînés. Un peuple qui rit en parlant, un peuple aussi sociable, qu'amateur des sciences et des arts, ne peut absolument souffrir l'esclavage. Il murmure dès qu'on ne lui laisse pas l'essort qu'exige sa légereté. De-là vient que le soldat Allemand souffre volontiers les coups de sabre, et que le Français se croit deshonoré quand on ose lui en proposer.

Ainsi, la France étoit en tutelle depuis Pharamond jusqu'en l'année 1789, qu'elle a reçu ses lettres d'émancipation, et qu'elle est enfin sortie de la servitude et de l'oppression.

Ceux qui ne l'ont point envisagée sous ce point de vue ne sont pas nés pour jouir des douceurs de la liberté, et l'on ne peut que les plaindre amèrement. Quiconque étudiera le génie Français conviendra que son élément est la liberté, et que malgré César qui paroit dire le contraire, il ne devient irascible que lorsqu'on l'enchaîne.

Les trois ordres établis dans la barbarie des tems, furent le plus grand obstacle au bonheur des Français, d'autant plus qu'il n'y avoit que le clergé, et la noblesse qui dominoient, et que le tiers-état ne leur étoit adjoint que pour leur servir de piédestal.

Le despotisme des souverains s'étoit environné de manière à devoir se soutemir ; mais il y eut des français qui, quoiqu'en ne paroissant travailler qu'à leur amusement, fondoient la république sur les ruines de la monarchie. On n'y alla d'abord qu'à petits pas dans la crainte d'effaroucher les esprits, attendant que la nation se levât en masse, et elle se leva.

MIRABEAU, quoiqu'immoral sur bien des points, et quoique trop ami de la dépense et des plaisirs pour être un bon et franc républicain, jetta les premières pierres de l'édifice, et il fut aidé par des hommes qui ne le valoient pas pour le génie, mais qui lui étoient supérieurs du côté de la conduite et des intentions.

AUSSI dans l'assemblée constituante on élagua toutes les branches parasites qui minoient l'arbre de la liberté, et cet arbre, malgré les efforts des aristocrates qui vouloient l'arracher, s'accrut et se fortifia de manière à étonner tous les potentats.

On leur apprit qu'une nation étoit bien puissante quand elle vouloit se gouverner, que les souverains ne peuvent être que les délégués du peuple toujours maître de les destituer, lorsqu'ils ne remplissent pas leurs devoirs, et qu'il n'y a pas un monarque, fut-ce le sultan lui-même, malgré les sabres, les haches et son fatal cordon, qui ne doive reconnoître l'empire des nations.

Disposition admirable de la providence, qui n'a pas voulu que des millions d'hommes n'existassent que pour le plaisir d'un seul, qui a ordonné dans sa suprême sagesse que les souverains même ne pussent jouir de leur souveraineté qu'autant qu'elle seroit agréable à ceux qu'ils nomment leurs sujets, qui nous apprend enfin que le gouvernement républicain est infiniment plus avantageux au genre humain que l'état monarchique.

Il est impossible qu'un roi n'abuse de son pouvoir, qu'il ne se fasse pas une cour analogue à ses goûts, à son ambition, à sa sensualité, et que la gloire de dominer ne le rende pas étranger à son propre peuple. Insensiblement il se croit une divinité qu'on doit adorer. De-là, cette fausse grandeur qui l'éloigne de la multitude, et qui ne lui permet pas de se laisser approcher.

On ne voit autour des souverains

que des satellites attentifs à repousser brusquement l'indigence et la médiocrité. Il faut des titres, des cordons, des dignités pour leur être présentés, et pour en recevoir un favorable accueil, enfin des siècles de noblesse, c'est-à-dire, de vanité.

Abus intolérable absolument inconnu dans les républiques, où une précieuse égalité met tous les citoyens au même niveau, où chacun obéit sans être commandé que par la loi, où l'amour du devoir est mille fois plus imposant que la crainte du châtiment, où tous les patriotes ne forment qu'une seule et même famille, dont les ris comme les pleurs, les avantages comme les pertes sont en société, où les talens et les vertus s'aident réciproquement, où le fort soutient le foible, où l'exemple encourage et corrige, où tout est bien, parce que tout est dans l'ordre.

L'ÉGOÏSME, dangereuse passion de rapporter tout à soi, fait le malheur des monarchies, au lieu que dans une république une et indivisible, on ne connoît que l'amour du bien public, on ne desire que le salut de la patrie, on ne travaille que pour sa splendeur. Le génie n'y est étouffé ni par la cabale, ni par l'envie. Mille occasions de se produire à toute heure, soit dans les districts, soit dans les comités, soit dans les sections, soit enfin dans les tribunaux, mettent le mérite en évidence, et lui fournissent les moyens de se développer.

IL suffit pour s'en convaincre de jetter un coup-d'œil sur l'état actuel de la

France ; jusque chez les hommes les plus mal vêtus , et qu'on osoit à peine regarder, il se trouve des orateurs, des politiques, des guerriers, et même des héros. Il suffit de les entendre dans les clubs, de les suivre à la guerre, pour les admirer.

La vue d'un gouvernement auquel chacun a part, est le coup de l'électricité. Combien de généraux tirés de la classe obscure des plébéiens, ont déjà paru sur les rangs avec le plus grand éclat ! Ils ont fait sortir leur âme de l'état léthargique où les retenoit la monarchie, et ils ont lutté avec le plus grand succès contre les puissances les plus formidables ; vainqueurs sur terre, vainqueurs sur mer, faisant mordre la poussière à l'ennemi, et lui traçant sa défaite au milieu du carnage de manière à rendre inutiles toutes leurs attaques, toutes leurs ruses et tous leurs projets, de sorte que si les Turenne, les Villars, les Luxembourg, les Catina pouvoient reparoître, ils avoueroient qu'ils ne connurent qu'à demi les français, et que leur courage a triplé depuis qu'ils sont républicains.

Et voilà ce que produit un gouvernement où le soldat chéri, recompensé, peut parvenir à tout, où il n'y a ni maîtresse, ni favori qui nomment des commandans d'armées, et où chacun sait qu'il travaille pour une patrie dont il est une respectable portion.

Chez les souverains, dit Grotius, il n'y a d'autre patrie qu'eux-mêmes; ils s'établissent le centre et la fin de tous

tous les succès ; mais dans une république où tout est en commun, l'on n'y a besoin ni d'une favorite, ni d'un courtisan, ni d'un valet, pour s'y faire connoître et pour parvenir, et quand on ne parviendroit pas, la volupté des grandes âmes, celle de se rendre utile au public, sans nulle idée de récompense, sans nul desir d'en obtenir, est le plus riche trésor et la plus délicieuse félicité.

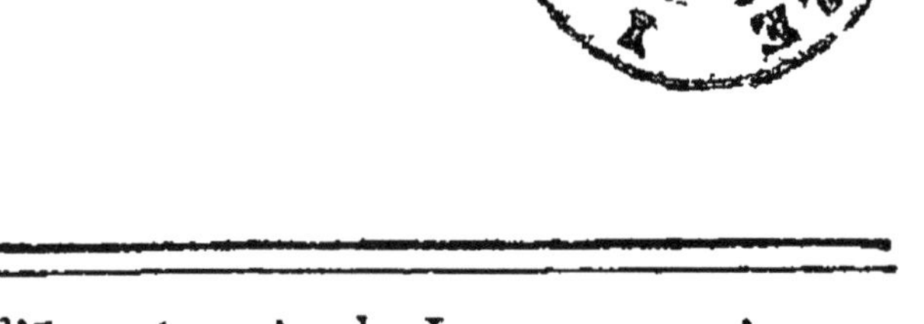

De l'Imprimerie de LAURENS jeune, rue Jacques, N°. 32, vis-à-vis celle des Mathurins.

www.ingramcontent.com/pod-product-compliance
Ingram Content Group UK Ltd.
Pitfield, Milton Keynes, MK11 3LW, UK
UKHW021058230726
13926UKWH00004B/1925

9 782016 133750